# 地球上最温暖的旅行
## 去不丹，去最幸福的国度

⊙ 叶孝忠 著

廣東旅游出版社
GUANGDONG TRAVEL & TOURISM PRESS

## 图书在版编目（CIP）数据

地球上最温暖的旅行：去不丹，去最幸福的国度 /
（新加坡）叶孝忠著. -- 广州：广东旅游出版社,2013.9
ISBN 978-7-80766-524-3

Ⅰ. ①地… Ⅱ. ①叶… Ⅲ. ①游记－不丹 Ⅳ. ①K935.79

中国版本图书馆CIP数据核字(2013)第203090号

图片摄影：叶孝忠
感谢不丹Amankora、Uma Paro，以及CFP提供部分图片！

策划编辑：蔡子凤
责任编辑：蔡子凤
封面设计：刘红刚
内文设计：邓传志
责任技编：刘振华
责任校对：李瑞苑　刘光焰

广东旅游出版社出版发行
（广州市越秀区先烈中路76号中侨大厦22楼D、E单元　邮编：510075）
邮购电话：020-87348243
广东旅游出版社图书网
www.tourpress.cn
深圳市希望印务有限公司印刷
（深圳市坂田吉华路505号大丹工业园2楼）

889毫米×1194毫米　　24开　　10印张　　70千字
2013年9月第 1 版第 1 次印刷
印数：1-4500册
定价：39.00元

［版权所有　　侵权必究］

本书如有错页倒装等质量问题，请直接与印刷厂联系换书。

# 目 录

作者序　舒缓心灵的不丹处方　　1

## 不丹的幸福味道
### Chapter1　最后的香格里拉？　　8

不丹的邮票会唱歌　9
不丹比西藏还西藏　11
"hold住"的传统　13
重返不丹　16

## 意犹未尽的慢游记
### Chapter2　帕罗，我的慢旅行起点　　18

全球最难降落的机场　19
放慢心情，适应旅行　21
属于帕罗的独家风景画　23
市集里有什么？　27
帕罗宗，宝石之上　31
虎穴寺，天国的庙宇　36

### Chapter3　廷布，不像首都的首都　　40

这里没有"堵车"的概念　41
纽约女郎会疯掉的首都！　43
盛装出席廷布市集　47
欲望闯进廷布人的生活　49
人人都是语言天才　50
和当地人闲聊　52

## Chapter4　普纳卡，最宜居的天堂　　54

都楚垭口的108个佛塔　55
到普纳卡过冬去　58
不丹最漂亮的宗建筑　61

## Chapter5　岗提，黑颈鹤家乡　　66

深呼吸，用双眼收藏风景　67
旺地也曾风光　69
童飒宗宛若布达拉宫　73
古老的岗提寺　77
不丹人对黑颈鹤很"友爱"　80

## Chapter6　卜姆当，神仙住的地方　　84

盛产美女的地区　85
"白鸟之乡"伽卡　88
卜姆当，一路佛光　92
不丹人把阳具当门神　96

# 发现不丹灵性之美

## Chapter7　不丹童话般的历史　　98

历史自"神魔之争"开始　99
"西藏之边陲"　100
说说不丹的王室史　102

# 目 录

## Chapter8　神佛花园，花开见佛　106

满天神佛的庇佑　107
龙之国，佛之国　110
不一样的喇嘛导演　112
藏传佛教，不丹必修课　114

## Chapter9　世界上最英俊的国王　116

国王是不丹最佳代言人　117
王后擦身而过　119
不丹少女想嫁国王　120
国王"自废"君主制　122

## Chapter10　婚姻没有一纸合同　126

结不结婚没那么重要　127
离婚太容易了！　129
和外国人结婚会受惩罚　130
娶老婆成本水涨船高　131

## Chapter11　改变，即是永恒　132

改变，为什么？　133
年轻人想要接轨世界　136
旅游，不丹转变的力量　138

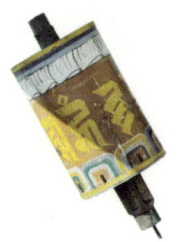

## Chapter12　再见垃圾，迎接幸福指数　142

大学生社团的环保行　143
塔金和乌鸦的幸福生活　146
对毁山灭林说"不"　149

## Chapter13　你幸福吗?　152

幸福指数大于国内生产总值　153
快乐即时生效　155
谁偷走了不丹人的笑容?　157
不丹的幸福哲学　159
幸福感的国民启示　161

# 最地道的不丹生活

## Chapter14　不丹国服，英气之美　164

男性国民的"帼"模式　165
价值不菲的帼和旗拉　167
Half装束　169
披肩与身份的完美结合　170

## Chapter15　散落绿野的豪华农舍　172

到索姆南家作客　173
瑞士别墅般的不丹农舍　175
遍地开花的宗建筑　178

# 目 录

## Chapter16 箭术，全民疯狂的国术　182

神箭手是这样炼成的　183
千奇百怪，神力助赛　185
足球新宠　187

## Chapter17 品味不丹，纵情辣椒　188

辣椒、辣椒，还是辣椒　189
不丹人的各种口味　192
平民家里的菜肴　194

## Chapter18 酒店，去不丹的理由　196

社会名流"后花园"　197
安缦居，低调简约不丹风　199
乌玛，无与伦比的婚礼地　204
泰姬扎西，无敌喜马拉雅山景　209

### 不丹的旅行小分享
## Chapter19 怎样去不丹　212

## 编后记　另一个幸福　228

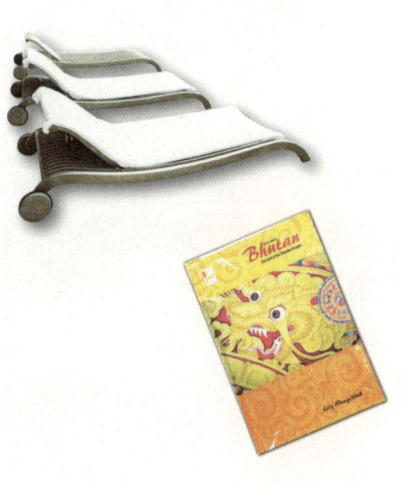

## 作者序 Preface

# 舒缓心灵的不丹处方

　　不丹，是一个神奇的地方，但我必须承认，第一眼的不丹，它的美，并不是独一无二的，就风景而言，那些壮丽的雪山、蓊郁的松林、翻飞的经幡，在喜马拉雅山脉地区随处可见。

　　但当你看多一眼，去了解当地人的生活，就会发现这个经常被誉为"全世界最快乐的国度"，有一种令人魂牵梦萦的魔力。不丹人安分守己地过活，从来没花太多力气去思考快不快乐的问题。不丹有各种令人匪夷所思的政策，不少政策对保护其传统文化及生态起了直接的作用，也塑造了这个神秘小国的面貌。在全盘现代化、相信发展就是硬道理的世界，不丹的坚持告诉我们，原来还有另外一种活法。知道了这些后，再仔细瞧瞧不丹，就明白眼前所见的都不是理所当然，而是有所选择的结果。

　　离开不丹之后，才能更深地体会到不丹的美。由帕罗飞往加德满都，感觉就像从天堂坠入人间，混乱嘈杂碰撞的声音和色彩，还有五花八门的贫穷，什么是第三世界的城市，加德满都作了精彩的示范，习惯了不丹的宁静，来到加德满都会容易让人心烦气躁。不丹就是不想步邻居的后尘才限制旅游人口，杜绝了低端旅游业所带来的污染和问题。曾经有不丹议员建议开放旅游业，那无疑能促进不丹现代化的发展，也能更快地让老百姓获益，然而这项议案被否决了。不丹清楚，这大门一开，其脆弱的传统和生态将消亡得更快。环顾周围，不丹愈加清楚，如果不好好驾驭"现代化"这头莽撞的"野兽"，将给后代带来更多的灾难，不丹政府和人民还没有打算付出这代价，因为他们意识到这些山林都是要留给后代的。

　　然后我回到国内，朋友们对生活艰难的抱怨（往往是欲望太多的结果），像老套的肥皂剧情一样反复重播。大家都不快乐。我益发怀念起停留不丹短暂的日子，毫无疑问，两趟的不丹之旅，在某个程度上也改变了我对一些事情的看法，每次面对一些抉择，生活遭遇不快，我就会想起不丹，想起那个被佛光温暖的国度，它温顺和气的子民，那些永恒不变的雪山和沁人心脾的微风……我知道这个世界还有净土，而这方净土其实就在不远，也能在你心中。

叶孝忠

# 不丹的幸福味道

## Chapter1
### 最后的香格里拉？

每个人都在寻找香格里拉，
对旅人来说，
香格里拉代表的就是一处
未受现代旅游业污染的净土。
不丹符合你心中对香格里拉的想象吗？

## 不丹的邮票会唱歌

小时候有集邮的嗜好,集邮册里总藏有几页色彩鲜艳、主题多样化的不丹邮票。我当时没有国家的概念,却不禁心里思忖,这个国家是否和它所印刷的邮票一样美丽?多年以后到不丹旅行,在帕罗国家博物馆遇见那一排排精美的邮票,如邂逅熟悉而陌生的故人。

一些地方你朝思暮想,但不奢望有生之年会有机会前往,比如不丹。

资深旅人都知道被旅游业者"绑架"的"香格里拉"或"世外桃源",其实大部分都名不副实,这些所谓的"香格里拉"都向旅人保证了一个独特和神秘的假期,然而似乎唯有不丹才当之无愧。

在不丹的邮票上能看到英俊国王的身影

Bhutan

当世界各地积极发展旅游业以吸引外汇时，不丹却通过低流量高收益的旅游政策，把一些游客拒于门外。目前不丹每年才有约3万名观光客，因此旅人们轻易地封她为"最后的香格里拉"。

原来我早已和不丹许下了一个迟到20年的约会。在这个由碉堡改造过来的博物馆里，无法不让我相信旅途中有一种冥冥中安排好的缘分，正如不丹人相信轮回一样，所有发生的事情其实早有伏笔。邮票是不丹重要的外汇来源之一，品种之多和奇，一直深受集邮爱好者的追捧。1973年不丹还发行了全球首套有声邮票，设计如唱片，还能使用唱机播放。在博物馆里我细细寻觅曾经收藏过的邮票，把它们由记忆的回收站中复原，再续前缘。

## 不丹比西藏还西藏

去不丹是一个极度繁琐的过程,申请签证、购买保险、在香港订机票、确定住宿等等等已经耗尽了心思,一次一次的锲而不舍,才促成了一次难忘的旅行。我唯有安慰自己,被一些地方折磨是值得也是心甘情愿的,过于容易获取,不但不会令人珍惜,也轻易让人遗忘,正如小时候收藏的邮票。

降落到不丹,我还是觉得不真实。"神秘"是这个喜马拉雅山脉中的小国的专属形容词。过去不丹一直和外界保持着若即若离的关系,到了1974年,首次有外国媒体受邀前去参加辛格·旺楚克的登基,次年不丹才迎来了首个游客。在这里,传统被置于崇高的地位,甚至神圣不可侵犯,根据当地法令,国民在出席正式场合,包括上学都必须穿着传统服装。2005年初,不丹政府突然宣布全国禁烟令,让不丹成为世界上第一个全面禁烟的国家。一切令人匪夷所思,才有容许神秘的空间。

红衣僧人、翻飞的祈祷旗、滚动的转经轮……画面似曾相识,却又感觉微妙,这是属于不丹的生活风景。

# Bhutan

　　不丹人习惯称自己为"雷龙之国"。龙是这个国家的图腾，国旗上一条飞舞的白龙，爪子上擒着明珠，连国营的航空公司也称为"飞龙航空公司"。不丹人大多信奉藏传佛教，随着西藏地区的开发，不少到过不丹的旅人都形容说"不丹比西藏还要西藏"。不丹像活化石一样保存了藏传佛教的精髓，各城镇山野可见佛塔、经幡等，寺庙是其中心，就算不是节庆，也永远不缺虔诚的信徒，信徒去寺庙往往也会盛装打扮，男女都得披上围巾。

　　1961年以前，这个国家没有电话、学校、邮政局、电影院，到了1962年，不丹才有了第一条柏油铺设的道路，10年前电视和互联网才合法化，这个神秘的国家才降落到21世纪，停止了将近500年的时间开始慢慢行走。这条一直在喜马拉雅南坡脚下沉睡着的"龙"，在纷纷扰扰的人世间也开始好奇地睁开眼睛。

　　正如一个在当地工作的老外所言：不丹可以像任何一个国家，但是没有一个国家像不丹一样。

身穿传统服装的不丹小童，好可爱呀！

## "hold住"的传统

夹于印度和中国大国之间,不丹在历史上频频受到他族入侵,也因此不丹人用一种超于寻常的毅力来保护其传统文化。

燕蒂是不丹少数的女性登山导游,在山区内闲走时她告诉我们,她最向往的国家是日本和瑞士,觉得这两个国家在保留自身文化和传统方面都有一套方法,所以好想去这些国家看看他们怎样在现代和传统及大自然之间找到一个平衡点。28岁的燕蒂,身着当地女子传统服饰旗拉(Kira),腰间系了一个诺基亚的手机,周末的时候喜欢到首都廷布玩,她正如任何一座城市的女性一样,有想法也有梦想。改变是无法避免的,但改变不意味着破坏,而是在寻找一个平衡。

我们的车子经过一处山林,那里刚刚种下新树,如一列列排队整齐的中学生。在不丹,所有人都必须参与植树。坚持是一种力量,虽然在现代社会太过坚持原则往往成为发展的绊脚石。

去往虎穴寺的途中,我们在树上、路边不时看见些英文环保标语牌和小巧的绿色垃圾桶。

"我们人口只有70万,很少,如果不制定严格的法规,那么我们就会更容易丧失传统。"虎穴寺的喇嘛告诉我。但是他也坦白说,自己很喜欢看电视,上一届的世界杯还熬了夜。在不丹,电视的影响比旅游业还要大,不丹导演钦哲诺布(Khyentse Norbu)就曾经拍摄过一部以喇嘛追看世界杯为题材的电影,引起轰动。不丹当地的报章还经常有读者投函,控诉着电视的不良影响。

由于经常贴近土地,不丹人显得分外的朴实,脸上是日月星辰留下的沟壑,早没有多余的空间去安置欲望,我甚至在他们的表情里找不到一点点的渴望。然而把生活的简单等同于快乐,那是一种自欺欺人,还是看透了人生的大彻大悟?

如果国家的快乐是用所谓的储备金或人民全年所得来计算的话,不丹肯定不是一个快乐的国家。这个群山锁国的"世外桃源"甚至"发明"了一种名为"幸福指数"(Gross National Happiness)的方法,来计算人民的幸福感。"幸福指数"是由不丹第四任国王辛格·旺楚克提出的概念,他认为现代社会的发展模式太重视经济发展,而经济发展的目标本来是为了建造一个快乐和谐的社会,然而一些国家虽然取得了经济成就,国民却未必快乐。于是不丹政府在制定国家政策时都会参照幸福指数的中心理念,如建设一个可持续性发展的社会、保留传统文化和保护大自然等。

作为纪念品传扬幸福指数(Gross National Happiness)的"I LOVE BHUTAN"卡片。

Bhutan

## 重返不丹

在不丹旅行，你的确无时无刻不会想，这就是香格里拉吗？香格里拉是英国小说家"发明"的一个虚构地名，却让精明的生意人挟持，与旅游业相结合并赋予其现代的意义。曾经一度，大家都在激烈地谈论香格里拉在哪里，印度、巴基斯坦和中国等国都提出了"有力的证据"加入了争夺战，云南率先将中甸地区改名为"香格里拉"，并带来了不少旅游收入；四川省也不甘示弱，美丽的稻城成了"香格里拉乡"。再过几年，当我们回过头来看，香格里拉会不会有了引申义，代表了一个游客无所不在的主题乐园似的目的地？以经济考量作为唯一的发展取向，自然不会是健康而均衡的成长，更何况是建立在掠夺资源的旅游业上。然而大部分的现代人都是"近视眼"，只看到眼前的，远方总一片模糊，甚至事不关己。

蓝天之下，不丹的每一个角度都纯美完好。

一贯喜欢反其道而行的不丹,不需要大费周章地改名来吸引旅游收入也能自得其乐并坐享其成。关于不丹的旅游文章中,最常见的标题就是《最后的香格里拉》。对旅人来说,香格里拉代表的就是一处未受现代旅游业"污染"的净土。没有麦当劳、肯德基、红绿灯,甚至每年只有几万名游客的不丹,确实颇为符合旅人对香格里拉的想象。目前旅游业开口闭口的慢生活、绿色环保等概念,不丹毫不费劲地就能将这些概念转接到其旅游业的宣传手册中,皆因由过去到现在,不丹推行的就是这种生活态度,坚持了几百年,或许现在是收成的时候了。

每个人都在寻找香格里拉,香格里拉在哪里并不重要,正如我们聪明的不丹司机所说:"香格里拉其实就在我们的心中,只要我们依旧保存一块心灵的净土,不让欲望之兽随意践踏,善待别人也尊重自然,那么香格里拉就能随时为你敞开心门。"

后来,我再次接受耐力的考验,回到不丹,我想再次看看这个国家,我认为之前所有的付出和折腾都是值得的,因为这个神秘的国家让我思考良多。再后来,我写了这本书,献给它。

苍翠的珀吉哈山谷,是否符合你对香格里拉的想象?

# 意犹未尽的慢游记

## Chapter2
### 帕罗，我的慢旅行起点

帕罗山谷隐藏着最纯美的风景画，
嫩绿的稻田蔓延到天边，
三两个不丹人背着装满了木柴的箩筐
从你眼前轻步而过，
我们嫉慢如仇的城市生活方式，
在这里完全自然瓦解。

## 全球最难降落的机场

由曼谷前往不丹的过程不算顺利。在印度加尔各答转机,气象报告说帕罗云雾笼罩,所以延迟了起飞。机师长出来安慰说,这样的情况在夏季可是家常便饭,有次飞到了帕罗机场无法降落,只好折返回印度。

看来要到这个国家旅行还得看缘分。

不丹唯一的国际机场位于海拔2300米的帕罗山谷,也是旅人到不丹旅行的第一站。

对飞机师而言,这是全球最具挑战性的机场之一。据说,全世界只有8名受过训练的机师能"驾驭"这个机场。

**刚刚下过一场雨,高原新鲜的空气中透着一股泥土的芬芳!**

# Bhutan

飞机冲出迷云，这个国家才清晰可见，神秘感一点一点消失。飞机下降时能清楚看见山上的简朴民居，孤零零地散落各个山头，如打坐的僧侣，轻易地不问世事，视一切如过眼云烟。早晨刚下过一场大雨，把山谷洗成满眼盈盈盎然的绿意。

机场2000米长的跑道，经常被形容为"不丹最笔直的一条路"。机场位于山坳间的平原当中，让一些海拔高达5000米的山峰围绕着，神态自若地迎来送往世界各地欲亲芳泽的旅人。机师熟练地转了一个大弯，绕开了两岸群山，再转个弯，脚下的民居似乎触手可及。飞机"吻"上跑道时，有惊无险地降落在这个群山围绕的机场，乘客马上识趣地鼓掌欢呼，似乎刚和死神擦肩而过。这个国家连开场也是极富戏剧性的，我们满心期待着它还要为我们安排怎样的高潮。

我迫不及待地走下机舱，大口大口地呼吸，让高原干净的空气打通疲惫的经脉，让身体灌满了不丹的空气，一场神奇的旅行即将在脚下展开了。

身穿旗拉、脸廓线条清朗的不丹皇家航空空姐

## 放慢心情，适应旅行

历代不丹国王的巨大海报悬挂于机场候机大厅，五张俊俏的脸庞迎接八方游客，他们似乎在说："欢迎来到我的国度。"他们的背后是绵延不绝的山。不丹全部是山，也只有山。

"Kuzuzangbo La"，俊俏的机场工作人员微笑着说。这是我学会的第一个不丹词汇，是不丹人的问候语，类似"你好"，听起来像唱歌一样。在句子后加个"La"，是宗喀语使用敬语的方式。"Kuzuzangbo La"，我勤于练习这经常得在不丹使用的问候语。

小小的帕罗国际机场，以传统的不丹建筑风格建造而成，窗口和门楣雕工精细色彩斑斓，墙上则绘上各种生动的吉祥图案。你会对这样的小机场产生好感。机场内还有免费的无线网络，看来这个国家在某些方面还是义无反顾地往现代化的道路上前进，与世界接轨的。

不丹五代国王第一时间迎接游客，"103 years of Peace, Unity & Happiness"让人无限向往，迫不及待扎进这个幸福的国度。

Bhutan

海关人员慢条斯理地检查着我们的护照，在电脑上找到了记录，于护照上盖上一个签证和入境印章。我不断提醒自己：到这国家旅行就必须调整自己的节奏，慢慢慢慢慢，慢下来。

一切是静悄悄的。声音，准确一点说是噪音，催人的汽笛、匆忙却茫然的脚步声、喋喋不休的高谈阔论被一一没收了。不丹宛若一个巨大的筛子，过滤了凡尘俗世中的聒耳声响。领走了行李，司机和导游已经在接待大堂等候了。

你会对小小的不丹建筑风格的机场大楼怀有好感，机场还提供免费的网络。

不丹是山地国家,帕罗的农舍几乎都建在缓坡上。

## 属于帕罗的独家风景画

　　一离开机场,时间就像倒退了几百年,仿佛回到中世纪的男耕女织的世界。山丘顶上,有一座小小的华丽寺庙,小寺庙里应该有禅修的喇嘛,一朵云飘过,这一切就隐藏在云彩里。云很低天很蓝,七彩旗幡飘扬,一切完美静好。不丹,像一幅画卷,慢慢向我们摊开。穿着传统服饰的不丹人在绿油油的稻田里耕耘,四周散落着同样带有精美窗花的结实农舍,农舍边上是一亩亩的苹果园。帕罗的传统农舍是全不丹最漂亮的。由于帕罗山谷较为富饶,也是不丹发展得比较早的地区,因此当地人较为富裕也更有能力建设漂亮的房子。

23

Bhutan

由机场前往酒店的路上，天出奇的蓝，我这才想起有多长时间没看见过这么蓝的天。空气洁净，连呼吸一口都觉得自己会延年益寿。一路依旧是宁静的风景，冰蓝色的帕罗河哗啦啦地流，岸边的小桥也是木头搭成的，有了一定年月的分量，造型简单，没有多余花哨的装饰，却也足够应付当地人渡河的需求。三两个不丹人背着装满了木柴的箩筐轻步而过，往山里走去，真想问他们是否要去一个"芳草鲜美，落英缤纷"之地。

克楚寺（Kyichu Lhakang）是由藏王松赞干布修建的不丹最古老的寺庙！

河的两岸种满了柳树，垂柳依依，会有让人置身江南之感。当地人说，这些柳树在冬天就是上好的烧柴。更远的山边是柏树森林，细长健硕的树干撑起了蓝天白云。不丹人特别喜欢柏树，柏树也是不丹的国树，就算在贫瘠的土壤，柏树也能长得欣欣向荣，毫无怨言。这似乎就是不丹人的天性，安分知足。

不丹面积和瑞士一样大，人口却只有70万，其中90%是农民，过着自给自足的日子。富饶的帕罗山谷正值旅游的淡季，却是农民最忙碌的季节，嫩绿的稻田蔓延到天边，和蓝天白云接壤，在这座山头的背后，也应该是成片成片的绿意。

Bhutan

　　不丹人和大自然相处愉快，不止有国花、国树，还有国鸟和国兽等，天地万物在不丹人心中都有平等的地位。千万不要在不丹人面前杀生，包括拍打蚊子等，因为不丹人认为每一个生命可能都是你我他前生的亲人。一列牛羊迎面而来，司机也不烦躁，也不按车笛，等待它们自行回避。我们嫉慢如仇的城市生活方式，在这里完全自然瓦解，司机也感受到我的不耐烦，开始安慰说："来不丹旅行，就是要感受这个国家慢慢的步伐。"全球兴起所谓的慢活运动，提醒现代人要慢慢过活，享受生活的乐趣，而不丹人早就领会了这运动的深意，自中世纪开始就用这种节奏过日子，一直没有觉得不妥。

绿油油的稻田蔓延到天边，三五个身穿传统服装的不丹人不时跃入我的眼帘，这是无可取代的不丹风景。

## 市集里有什么？

帕罗镇就位于帕罗山谷当中，小镇只有一条主要干道，棋盘式格局的小街小巷向周围辐射，主要的旅游景点，包括帕罗宗等都在可步行的距离以内，是典型的不丹小镇。这是一个什么事情都不曾发生，也不会发生，人口才几千人的小地方，虽然它已经算是不丹最发达的地区了。周末刚好有个集市，类似国内农村的赶集，十分简陋，当地的农民摆卖着自家生产和进口自印度的农产品，最常见的就是堆成小山丘的辣椒。不丹人似乎不讨价还价，这是一个还有信任和不懂得贪小便宜的国度。

# Bhutan

在街上闲逛时让一个不丹大妈"拦住",问我们从哪里来,喜欢不丹吗?她一直手持念珠面带微笑地探问。古装扮相的不丹人三三两两结伴同行,几乎所有人都相互认识,所以外来者总会惹来注视的眼光。我在小商店随便看看,大部分的货品都进口自印度,杂货店老板是个年轻的尼泊尔人,也说"欢迎来到不丹",语气中带有自豪。街上有个小画廊,展示了不丹年轻艺术家的作品,风格虽然较为现代,但主题还是十分传统的,比如宗教题材和风景画等。看惯了更无厘头的当代艺术,或许你会觉得不丹的当代艺术是小儿科,然而艺术家要在不丹创新可谓不容易,皆因当地的绘画、雕塑等艺术形式都必须依照传统风格来创作,特别是涉及宗教题材的画作,更不容许创新,只能遵循前人定下的规则和手法等来"复制"。

市集是帕罗人气最旺的场所,不丹人可以一次性购买到所有需要的东西。

Chapter2
帕罗，我的慢旅行起点

帕罗大街集中了不少的游客精品店、餐馆和杂货店等，中央广场是当地人聚集的地方，总有些无所事事的不丹人在广场的阶梯上闲聊晒太阳等，过着村庄一样的生活方式，年长者则顺着转经轮转经，不丹人的生活和宗教往往分不开。"他们都不用上班吗？"问了之后，导游也一脸茫然，不知道要如何作答，因为这可是他不曾思考过的问题，一直以为这样的方式理所当然。我意识到我又开始用自身的标准来看待不丹人的生活形态了。

我喜欢不丹的原因就在于它无时无刻不在提醒我人生可以有很多种活法和选择，只要自己觉得开心，适合自己的，对未来子孙有益的，那就是对的吧？

Bhutan

市集五颜六色的蔬果不少，最有气势的还是像小山一样红的绿的圆的长的干的辣椒！

## 帕罗宗，宝石之上

帕罗的中心点就是位于半山腰的帕罗宗①，不可一世地俯视或守卫着小镇。我们的车子慢慢爬升前往帕罗宗，在半山腰就能亲眼见识到帕罗山谷的富饶，农田农田农田，一直蔓延到远处山麓脚下戛然而止，星星点点的旗幡点缀其中。

就像巴黎铁塔之于巴黎，你在帕罗任何一个角度都不会错过帕罗宗。

---

① 宗即宗堡，不丹有20个行政区，每个区都有一座宗堡，供政府机关和僧人共同使用。

# Bhutan

　　帕罗宗是不丹最著名的宗之一，它正如巴黎铁塔，几乎在帕罗的任何一个角落都不会错过它。依山而建的帕罗宗，坐镇帕罗山谷最显要的位置。依山而建是一种因地制宜，更是一种对大自然的敬意。在不丹，人为的和天然的总是连为一体，那是一种老祖宗留下来的智慧；我们太喜欢征服了，用科技用智慧来改变一切，忽略了其实解决问题的方式老早就存在了。

　　帕罗宗原名为Rinchen Pung Dzong，意思为"一堆宝石上的宗"。不丹的统一者夏尊·雅旺·南嘉（Zhabdrung Ngawang Namgyal）于1644年建造了帕罗宗，其坚实的宗墙抵御了多年来外敌和地震的肆虐，却在一百年前的一场大火中遭到了毁灭性的破坏，后来才慢慢修复回来。意大利著名导演贝托鲁奇（Bernardo Bertolucci）拍摄的《小活佛》，就是在帕罗宗取景的。

Chapter2
帕罗，我的慢旅行起点

冰蓝的帕罗河水哗啦啦地流过，遥望帕罗宗，我们席地而坐，在河边享用愉快的午餐！

你还记得梁朝伟和刘嘉玲身边围绕一群小僧侣的婚纱照吗？没错！他们就是站在这里的阶梯拍摄的。

33

# Bhutan

帕罗宗的壁画廊道,看起来古老而有趣吧?

正如传统的宗建筑,帕罗宗分为几个不同的区域,到处画满了精美的佛教题材的壁画,宗内一共生活了大约200名的僧侣。

入口是当地政府的所在地,偌大的庭院则是举行帕罗节(每年立春的第一天)的场地。每逢帕罗节,来自世界各地的旅人和不丹人都齐聚在这广场等待观看精彩的宗教仪式和表演,这时候18平方米大的著名唐卡就会悬挂起来,画中主角是将佛教传入不丹的莲花生大师。这珍贵的唐卡绘于18世纪,平时就珍藏在帕罗宗里。

一般的宗都会设立一个瞭望塔(Ta Dzong)。瞭望塔的位置可以是宗建筑的一部分,也可以是分开的独立建筑,而帕罗宗的瞭望塔设计为后者,设于宗体建筑的上方。过去,这塔用来储藏弹药、武器及勘察敌军。瞭望塔建造于1656年,独特的圆形建筑形似海螺,墙体厚达2.5米,据说地底还有秘密通道通往帕罗宗,用来运输食物和水等。1968年帕罗宗的瞭望塔改造成著名的不丹国立博物馆。馆内收藏颇丰,有珍贵的唐卡、宗教碑石到古代武器及服饰等,展示了不丹独特的文化历史。设计师还特别为游客设计了顺时针的步行路线,因为馆内有不少的宗教展品,顺着时针走,更能表示对它的敬意。

Chapter2
帕罗，我的慢旅行起点

帕罗国家博物馆的外形宛如海螺，它的前身是帕罗宗的瞭望塔。

## 虎穴寺，天国的庙宇

帕罗山谷周围有不少独特的寺庙，我骑着酒店提供的越野自行车随处乱逛，通过这样的速度和角度来丈量不丹风景的深意。

躲在深山里的虎穴寺（Taktshang Goemba）最受游客欢迎，徒步来回要4小时。这个特别上镜的虎穴寺位于帕罗镇10公里外的峭壁上，徒步的起点位于山脚下的停车场。抬头眺望挂在悬崖峭壁上的虎穴寺，脚不禁软了，心也寒了，但是导游说只要坚持就能到达，这样的徒步在不丹根本不算什么。既然来到不丹，怎么能错过虎穴寺呢？几乎所有的不丹书籍都采用这虎穴寺作为封面，它简直是不丹的地标了。远远地就看见虎穴寺，悬于落差900米的峭壁上，和周围山林融为一体，真难想象当初的修行者是凭着怎样的毅力在艰难的环境中建设这样一座信仰坐标的。

徒步虎穴寺需要体力、耐力和毅力，沿途的好风景能够让你忘却疲惫。

相传8世纪将佛法传入西藏的莲花生大师曾经骑着一只飞虎空降此穴，降服当地妖魔鬼怪之后，在此修行三个月，随即不丹历史上重要的圣人，包括不丹的统一者夏尊·雅旺·南嘉都曾经在此修炼。在这个充满神话和传说的国度，其历史也交织着一些传奇，在这样的地方，你无法回避它们，你甚至得相信它们，或许也只有美丽的传说适合用来解释眼前超现实的一切。虎穴寺是不丹人的"精神麦加"，无论身处何地的不丹人都希望在有生之年能亲自到虎穴寺朝圣。

我们走在山中，呼吸着纯净的空气，林间的水推动了水里的转经轮，淙淙声里默念着佛陀对大地众生的关爱和慈悲。沿途经幡飘扬，给蓝天抹上了更为华丽的色彩。我觉得我是可以这样一直走下去的。

真的难以想象虎穴寺是怎么建在悬崖峭壁间的，我终于能理解为什么它是不丹人的"精神麦加"。

Bhutan

中途有一咖啡馆,露天的位置就对着眼前举目可及的虎穴寺,点一杯热腾腾的印度奶茶,眺望着那么近这么远的虎穴寺,回头看看脚下的山路,原来自己已经走了那么远。坚持就能完成,我想着导游的话,抬起沉重的双脚再次上路。沿途依旧是快快乐乐出游的不丹人,其中不少还是上了年纪的老人,他们的步履缓慢但坚定。导游说一般的不丹人因为早已经习惯走路,只要90分钟就能来回虎穴寺了。

2005年前,虎穴寺是不对外国人开放的,现在游客若是要探访虎穴寺依旧得预先申请准证。1996年一场酥油灯引发的大火,烧毁了大部分的寺庙结构,但是信仰还是坚韧不摧的,不丹的信徒马上就重新建造了这座已经有1000年历史的古老寺庙。我在庙中闲逛,喇嘛为我系上一条黄丝带,在我头上洒上圣水,说会带来祝福,风一吹,喇嘛身上藏红色的袈裟飘扬,似乎把祝福也送往了天际。

山脚下的风景如画,苍松翠柏间点点艳红,那是不丹菜肴中最喜欢添加的辣椒。我想起昨天导游让我尝试一口当地菜肴,辣得我眼泪直流,这样温和的民族也喜欢那么强烈刺激的味道?浓烈的酥油味、紧迫而平静的诵经声在鼻尖耳边流转,这不是梦吗?那应该是梦吧!

林间流水推动了水里的转经轮,经幡为蓝天抹上了更为华丽的色彩。

# Chapter3
## 廷布，不像首都的首都

廷布有些不起眼，
虽然贵为首都，
却没有太多旅游景点可看，
要认识真正的廷布，
还得逛逛廷布的市集，
和当地人聊聊天。

## 这里没有"堵车"的概念

不丹首都廷布（Thimpu）离帕罗约65公里，我们沿着据说是整个不丹最好的公路前往首都，45分钟后就抵达了廷布。

路上车辆稀稀疏疏。在不丹语里，还没有出现"堵车"这个词。我自私地希望，但愿它永远如此。一路峡谷纵横，滔滔江水相随，天蓝山绿水澄净，这样的风景与尼泊尔和云南高原几近相似，只是这里的青山是完整的，没有多少山林砍伐的痕迹。

车子在两河交汇处停下，河岸是三个风格迥然不同的佛塔，分别为印度、尼泊尔和不丹风格，守候着万物生灵。

在不丹，生活和宗教是分不开的。同行的导游和司机对着佛塔行宗教礼。我问他们的愿望，导游说也不特别祈求什么，或许对不丹人来说，看看身边周围，就知道已经拥有了很多。

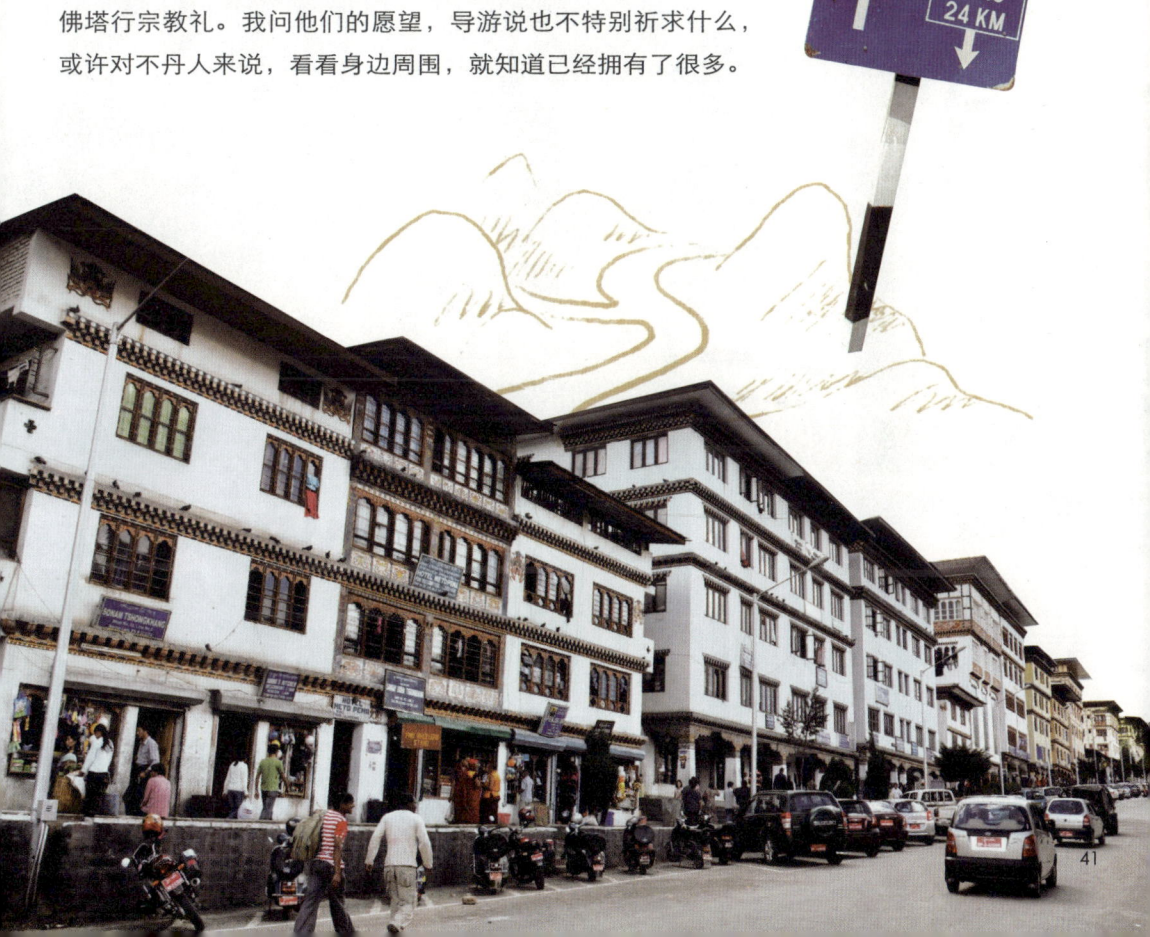

光是从街边整齐华丽的不丹建筑就能感受到廷布作为首都的范儿。阳台上不经意绽放的盆花、街边五颜六色的壁画,甚至连交通岗都能让你收获意外惊喜。

## 纽约女郎会疯掉的首都！

车子经过一个有着华丽屋檐和梁柱的加油站，我们就知道到了廷布。在不丹，所有的建筑都必须依照传统风格建造。

房子大多是3层楼高的平房，混凝土结构，大多刷上淡黄色的油漆，墙上的四个角落画着吉祥能驱魔避邪的传统壁画。廷布的摩天楼是7层楼高的泰姬酒店，站在酒店的顶层就能俯视整个廷布。

廷布是一个年轻的首都，位于旺曲河谷，海拔约2300米，是不丹的政治和文化中心。1961年，不丹第三任国王吉格梅·多吉·旺楚克（Jigme Dorji Wangchuk）由普纳卡迁都于此，这个城镇才慢慢发展起来，成了全国人口最密集的地区，其实也不过是8万人。这是全世界最不像首都的首都，这里没有肯德基、麦当劳或星巴克，以及一些我们现代社会习惯的图腾，纽约女郎会疯掉。

虽然贵为首都，其实廷布没太多的旅游景点可看的，大部分人只愿意在这里花半天时间购买一些纪念品，顺便在街上溜达。

莲花生大师化作鹏鸟攫着一条蛇的壁画装点了很多人家的楼房，此外"四个好朋友"、老虎、驴子、阳具等壁画也不少见。

Bhutan

充满不丹趣味的很特别的手工艺品,让人过目难忘!不买真可惜呀!

　　廷布的繁华全部都集中在一条主干道上，这条"大街"除了有一些酒店、餐馆和精品店之外，最著名的"景点"就是由人工操作的交通岗。其实不丹政府曾经在首都设置过一个交通灯，但是不受当地人的欢迎，没多久就被拆除了，当地人觉得交通灯太丑陋，而且一点也不人性化。

　　国家纪念碑（National Memorial Chorten）是廷布市中最抢眼的建筑，为纪念第三任国王于1974年建造。纪念碑为藏式风格，设有华丽的金顶，这也是深受当地人欢迎的寺庙。清晨时分总能看见当地老人顺时针绕行转经，不丹人办事途中经过也会顺便朝拜一番。

Bhutan

国家纪念碑是廷布市中最抢眼的建筑，为纪念第三任国王而建造。很多不丹人可以什么都不做，来这转转就过去一天。

## 盛装出席廷布市集

逢周末，廷布的市场就会异常的热闹。市场位于旺楚河的两岸，西边主要售卖食品，东边则是日常用品和纪念品等，两个市场以一座木桥相连，不少人在桥上摆地摊，气氛还是十分闲散的。每逢周四全国各地的摊贩就会带着自己的商品陆续抵达廷布，并逗留至周末晚上。市场内人头涌涌，廷布的女子穿上旗拉（Kira）婀娜多姿地周旋于摊贩间，身穿一身帼（Gho）的不丹挺拔男子则淡定地为一家人张罗一星期的餐饭。这不止是买菜的地方，还是一个社交场所，或许谁谁谁就会在这里遇见他们的梦中情人，因此大家都盛装出席。

Centenary Farmers Market（百年农贸市场）是廷布的新市场，周五至周日营业，廷布人通常会在周末买好一周的食品。

廷布的周末市场很出名,全国各地都有摊主赶来这里,周五早上开档,周日晚上就离开了。

我们在周末的市场闲逛,市场售卖的也是一些日常用品和食品,遇见的不丹人大多十分好客,脸带微笑,好客中带有腼腆。我们逛了两圈,"没有什么可以买的。"同行的朋友说。对于这样的结论我反而有点窃喜,因为这个国家还没有学会去迎合游客的口味。

菜市场以售卖瓜果蔬菜为主,包括土豆、大蒜、辣椒,还有一种不丹人喜欢的蕨类植物,名为纳吉(Nakey),加入奶酪炖煮后特别的美味。不丹人不杀生,因此肉类食品并不多见,据导游说,肉类都进口自印度等地,或者由南部的尼泊尔人供应。不丹人视屠夫为下等的工作,杀生也违反了他们的宗教信仰的原则。

## 欲望闯进廷布人的生活

不丹政府曾经针对不同地区的人的情绪情况作比较，发现廷布人的负面情绪比较高。当地政府感到纳闷，首都是全国发展得最好的地区，文明程度也比较高，工作机会及选择更多，人们应该更快乐。然而根据调查，情况并非如此。由这点看来，人的快乐和所谓的现代化发展并没有直接关系。越是开放的地方，人们对生活的要求对欲望的追求也会越多，生活压力大自然也难以每天展露欢颜。

廷布虽然是不丹最不快乐的地方，但这个小镇一样的城市还是令人感觉到轻松惬意，特别是当你由曼谷或加德满都来到这里，会大大地松一口气，行人不用呼吸乌烟瘴气，更不用和汽车抢道。

"今天是周末呢，人可真多。"导游说。然而所谓的人多也是相对的。我们看见廷布的第一眼反应是怎么周末人还那么少呢？之后到不丹其他地区旅行，才深刻地体会到为什么导游会下此结论。不丹人口约为70万人，密度1平方公里才15人，和周边国家尼泊尔（200人）、孟加拉（1000人）的数字比较，你就知道何谓人烟稀少了。

# Bhutan

## 人人都是语言天才

廷布人口相对年轻，正如不少发展中国家一样，不丹的年轻人都喜欢来到首都工作。我们在咖啡馆里和年轻人闲谈，他们都来自偏远的东部。"我想你会觉得不丹无聊吧？"24岁的年轻人乌金带着已经下了结论的问题问我。通过卫星电视，乌金见识过"外面的世界"，他曾经想过出国念书，但学习成绩不够好，加上家里也希望他早点出来工作，帮补家用。小伙子说得一口流利的英语，和外国人聊天绝对没太大的语言障碍，乌金的英语还带有美腔及夹杂着一些俚语，他笑着说："是在电视上学的。"一直到了1999年，电视机才在不丹"解禁"，突然间，通过这小小箱子，不丹看见了全世界。传统文化要如何保存下来？绝对不能轻率地将之封存起来，断绝所有外部的影响。不丹国王相信，只有不丹人才能负起维护自身文化的责任，他相信不丹人有足够的智慧去辨别好坏，统治者也不可能再掩耳盗铃。

过去不丹的教育都是在庙宇里由喇嘛传授的，20世纪60年代才开始采用西式的现代教育。现届的不丹政府也特别重视教育，并希望通过教育来消除贫穷。根据2005年的调查显示，不丹的成人识字率达60%，这和20世纪60年代的30%比较，可谓有了飞跃的进步。

BHUTAN OBSERVER，BHUTAN TIMES，BHUTAN TODAY等主流报章也都使用了英文。

不丹推行11年的免费教育,由小学到高中,学费和课本都是免费,在偏远的地区,一般也设有小学。目前不丹唯一的大学不丹皇家大学设于东部,2003年才成立,为一所综合性大学。学校采用双语教育(宗喀语和英语),学科除了一贯的数理化科目外,也十分重视传统文化的教育,特别是国语宗喀语的教导。当地人对学习外语特别感兴趣,而逐渐忽视了母语,当地报章也经常有呼吁,希望能提高当地人的母语水平。

不丹人都是语言天才,不少人至少会几种语言。宗喀语是国语,作用类似中国的普通话。不丹尽管人口少,由于地理因素,不同地区的人都使用不同的方言,语言十分丰富,共有19种之多,除了宗喀语外,夏却普语（Sharchop，即东部语）、洛昌语（Lhotsam，即尼泊尔语）也十分通用。宗喀语虽然使用藏文,和藏语也有些共同点,但却是两种不同的语言。不丹人从小就开始接受双语教育,因此年轻的不丹人都能说流利英语,当地报章也经常是双语并行的。由于英语是通往世界的语言,不少不丹人更愿意学习英语。不丹的高等院校很少,想要进修,往往就得出国,因此英语成了不丹人走出去的一把钥匙。学习成绩好的学生还会获得政府提供的全额奖学金被保送到外国顶尖大学留学,目前不丹的高级官员都是毕业自外国名牌大学,由于不丹和印度的外交关系密切,因此不少人也选择到印度继续深造。

不丹全国实行免费教育,小孩可以接受良好的教育。还有一些父母让他们年幼的小孩出家,不丹人相信这样可以给家里积福积德。

## 和当地人闲聊

每次回家乌金都得搭上10小时的车,然后再徒步3小时翻山越岭后才能到家。对他来说,这早就习以为常,所以他最渴望的就是政府尽快能把家乡的路修好,有什么急事出行也方便。"小时候家乡还是没有电的,现在有了电视,所以父母亲也能通过电视了解我们现在住的地方,但若他们像我一样有机会来到廷布,肯定还是会和他们的想象有很大的出入。"乌金最喜欢音乐,到迪厅跳舞时听到Lady Gaga的歌will get crazy(会疯掉),我真的很想看看外表言谈一向淡定沉着的不丹人如何疯起来。

乌金是公务员,几乎是挤破了头才在政府部门谋得一职。"不丹人都喜欢当公务员,薪水不高,但是很有保障,工作也十分轻松。"我很惊讶一个刚毕业的年轻人竟然会如此满足于安逸的日子。"从来都没人教我们什么是竞争力,只要过得开心就好。"我问乌金他开心吗。这问题他从来不想,只有调查问卷的时候才会思考的吧。"算是开心的吧,和一些人比较,我还是较为幸运的。"不丹约6成人口为25岁以下的年轻人,要如何确保年轻人在接受新事物、面对全球化竞争的同时保存优良的文化传统,对政府来说是个迫在眉睫的挑战。另外不丹的失业率逐年增高,在不丹旅行的日子,就经常可以看见无所事事的年轻人在街上闲晃,甚至造成酗酒、吸毒、抢劫等社会问题。"年轻人受的教育越高,就越不愿意干体力活,而现时的不丹也没有太多白领工作供我们选择。但我真的不想回家,我无法种田,那生活很苦,很多乡村的农田都闲置了呢。"乌金一针见血地说。

我问乌金周末空闲时一般会做什么。"就像国外的年轻人一样啰,逛街、跳舞和朋友们聚餐。"廷布有不丹最蓬勃的夜生活,除了酒吧,还有迪厅。"周六的时候,迪厅十分热闹的,你应该去见识一下,保证你对不丹的印象大大改观,完全超越你的想象。"小小的廷布也有卡拉OK,虽然这里的夜生活选择甚至无法和国内的三四线城市比较,但是不丹人似乎已经很满足。不丹的夜店也卖酒,但是周二是Dry day(禁酒日),商铺和夜店都禁售酒精饮料。贪杯的游客可要留意。

廷布有不丹最蓬勃的夜生活,迪厅、酒吧最受年轻人欢迎。

# Chapter 4
## 普纳卡,最宜居的天堂

普纳卡曾经做了不丹将近300年的首都,
当地气候温和,
阳光充沛,
农田盛产稻米和蔬果,
严冬时王室和北方的僧侣
仍会搬到这里过冬。

## 都楚垭口的108个佛塔

　　普纳卡距离廷布约76公里,将近3小时的车程,一路是典型的不丹风景,尽是延绵绿意的巍峨山脉,在车上也舍不得闭上眼睛,怕错过一些什么。

　　山林,山林,还是山林,绿是不丹的国色吗?那么饱满而富有层次地蔓延到天边,看了令人心旷神怡。在不丹就有7成的土地为受保护的森林,这几年就算发展迅速,但国策里已经摆明写着:在寻求现代化发展的同时,也不会轻易地砍伐森林。不丹人相信,与大自然和睦共处,就是幸福的泉源之一。

　　车子爬上海拔将近3140米的都楚垭口(Dochu Pass),缤纷的经幡随风飘扬,如神的使者将世人的愿望送往天际。原本的晴空万里却突然起了大雾,司机放慢了速度,迎面而来的是一座座的佛塔,薄雾勾勒出其优美的线条,越近越感觉到这组佛塔的气势,有108个之多。这组佛塔名为"楚克旺耶纪念碑",造于2005年,为了纪念在剿灭不丹南部反政府武装战斗中丧生的人。那是不丹当代史中最血腥和暴力的场面了,面对性情温顺并且不杀生的不丹人,真难以想象他们拿起枪支等武器保卫家国的局面。

# Bhutan

不丹看似是一个统一民族的国家,然而自20世纪初就有大量的尼泊尔人移居到不丹南部的平原生活,尼泊尔人有自己特有的风俗习惯,大部分人信奉印度教。过去不丹人一向和尼泊尔人和睦共处,到了20世纪80年代末,不丹政府为了保护传统文化,颁布了名为 Driglam Namzha(《基本行为和着装条例》)的政策,强制所有不丹人在出席正式场合时必须穿上不丹国服等一套礼仪。此时当地的教育政策也起了变化,课程取消了教授尼泊尔语。这些政策引起了尼泊尔人的不满。南部的问题一直令不丹政府头痛,尼泊尔人无法融入并认同不丹,于是政府开始遣返一些尼泊尔人回国,同时印度大吉岭的"葛尔卡民族解放战线"呼吁在印度东北部及不丹的南部地区建立葛尔卡自治区,严重威胁了不丹的领土主权,为此第四任国王辛格·旺楚克率军南下,在短时间内将游击队驱逐出境。

每座塔里都藏有圣物,如果有人偷盗,将会被终生监禁。

Chapter4
普纳卡，最宜居的天堂

我们顺时针方向绕着佛塔走，希望能为一路的行程带来好运。雾气渐渐散去，细长的云徘徊于山峦间，宛若纤细的手指抚摸着丰腴大地。天气好的时候（通常在冬天），眼前会是一字排开的雪山，然而我们毕竟和雪山无缘，我只好安慰自己，有了再来不丹的理由。身边的山林是皇家植物园，满山都是杜鹃树，春天姹紫嫣红开遍，那会是另外一种光景。在不丹就有46种不同品种的杜鹃花。

都楚垭口经常发生车祸，当地人相信这里同时住着神灵和妖魔，因而在此建造了佛塔，以镇住妖魔鬼怪。经过佛塔时，司机念念有词，似乎在祈求神灵的保佑。我不是一个迷信的人，但来到不丹，也容易地感染了其浓厚的宗教氛围。

如果天气晴朗，可以从丘顶看到不丹和中国西藏边界的一字排开的喜马拉雅雪山壮丽的风景，雪山背后就是西藏山南地区。

## 到普纳卡过冬去

过了垭口，海拔急速下降，车子往下滑入青葱而温暖的盆地，荒野渐渐被嫩绿的农田驯服。挺拔的松柏渐渐引退，成了远方的布景。普纳卡海拔低，气候较为暖和，阳光也十分充沛，所以一年能有两次收成。当地人的房子都造得较为华丽，生活相对富裕，除了稻米之外，普纳卡也盛产香蕉和橙等水果，这里可以说是不丹的"菜篮"。严冬时普纳卡更是不丹的避寒胜地，王室和北方的僧侣都会搬到这里来过冬。

车子经过农田，忙碌的村人停下手上的活，向我们微笑示好。司机和导游经常会遇见认识的朋友，总停下车子寒暄一番。不丹人口只有70万，因此在一个地方很容易遇见熟人，或者是朋友的朋友。导游和现任国王甚至是小学同班同学呢。不丹人之间聊天，往往能找到一些共同的联系。整个国家就像是一个和睦共处的大村庄，也因此没有秘密，甚至没有隐私。

六七月的雨水将普纳卡的农作物洗染得苍翠欲滴,这分明是我见到过最富层次变化的农田,河流就从中蜿蜒远去,滋润了普纳卡的一方土地。

# Bhutan

　　海拔1250米的普纳卡坐落于一处富饶的山谷，地势平缓，是不丹最宜居的地方之一，因此普纳卡做了将近300年的不丹首都。1616年夏尊·雅旺·南嘉由西藏来到不丹，并统一了当时群雄割据的不丹。在当政期间，他为了方便管理，曾兴建多座城堡（宗）。当地著名的普纳卡宗建造于1637年间，是不丹历史上的第二座宗。1907年，不丹第一任国王乌颜·旺楚克（Ugyen Wangchuck）在普纳卡举行了盛大的登基仪式，直到1955年才迁都至廷布。

　　老城区就位于普纳卡宗的边上，也只是几栋老楼房，一些无所事事的人，无数的野狗懒恹恹地晒着夏日阳光。当地农民在路边卖菜，都是一些自家栽种的新鲜瓜果蔬菜之类。这些蔬菜都很少用农药，"一些山民用不起。"导游说。

普纳卡当地的农民在路边卖菜。

## 不丹最漂亮的宗建筑

远远就看见普纳卡宗，宛若城堡一样坐落于普纳卡山谷的正中央，气势恢宏。正午的阳光把普纳卡宗的层层金塔点燃了，背后的山林绿意盎然，前景是低头吃草的牛羊，蓝天白云里的普纳卡会让你想起"世外桃源"这样的地方。

普纳卡宗一直被誉为"不丹最漂亮的宗建筑"，就位于两条河的交汇处，占据了绝佳的地理位置，无论从什么角度观赏，你都不会错过它。一条河名为"母亲河"，另一条河为"父亲河"，一湍急一平缓，如阴和阳，两河交汇处的对岸，就是眺望普纳卡宗的最佳角度。

# Bhutan

　　如果你在不丹只想参观一个宗（虽然这不太可能），那么必然是普纳卡宗。在不丹语里，"宗"是"城堡"的意思，不丹语为"Dzong Ka"，其实就是"宗里说的话"之意，可见宗在不丹人心中的地位。

　　通过一座精美的木头搭建而成的廊桥，我们就进入了普纳卡宗的领域。原有的廊桥和普纳卡宗一样建造于17世纪，然而却在60年前的一场大水中被冲走了，现有的桥梁大约55米长，完全依照传统风格建造并于2008年完工。由于宗采用木头和泥土为建材，加上宗里经常点着酥油灯，因此不堪祝融的肆虐，不少宗就是经过数次的烧毁及重建的。

色彩繁复的雕花、铜皮镂花雕刻出现在门框、立柱，你不能不佩服不丹人在色彩搭配上的大胆创新，大概也只有受过藏传佛教的熏陶才敢如此放肆地用色吧！

Chapter 4
普纳卡，最宜居的天堂

　　不丹的历史总是由各种神乎奇乎的神话组成，宗的历史也不例外。根据当地传说，将佛教密宗传入西藏的莲花生大师（Guru Rinpoche）曾预言一个名为Namgyal（即是夏尊·雅旺·南嘉）的圣人将会来到此处一个形状酷似大象的山丘。于是夏尊·雅旺·南嘉找到了这座山，并在此建造了宗。普纳卡宗的设计灵感来自建筑师Zowe Palep的一个梦境，相传建筑师在佛塔下睡觉，通过梦境产生了设计蓝图，1637年开始建造普纳卡宗，隔年完工。

　　宗犹如欧洲古代的城堡，往往是一个地区的政治和行政中心，在战乱的时代，宗更是当地居民的庇护所，因此宗的外墙坚实厚重，并且向内倾斜。走上木梯就是宗的大门，木梯的设计十分灵活，也反映了普纳卡过去纷乱的历史，只要有外敌入侵，就能马上拆除，并锁上大门达到御敌的功能。

Bhutan

　　普纳卡宗长180米，宽72米，就面积而言，它是不丹第二大宗，共有三进庭院，比一般的宗多了一个庭院。第一进庭院为普纳卡的行政中心所在地，庭院中有个白色的佛塔和壮硕的菩提树，几个不丹信徒在树下乘凉。在宗内经常可见一身正装，甚至还携带佩剑的不丹人，导游说他们都是公务员。原来不丹的宗不止是寺庙，还是地方政府机关的所在地。一般的宗，前院是政府机关，后院才是宗教场所，这种政教合一的传统来自西藏的影响，不丹依旧保留了这传统。

　　第二进庭院则是寺庙及僧侣的宿舍和活动空间等。宗往往也设有一栋塔楼一般的建筑，名为Utse，往往是宗里花最多精力设计的建筑。普纳卡的Utse楼高6层，设有多扇雕工精美的门窗，并绘上各种细腻的吉祥纹饰，十分华丽。

普纳卡宗有相当丰富的宗教收藏，栩栩如生的宗教人物壁画能让你流连忘返。

# Chapter4
## 普纳卡，最宜居的天堂

第三进院落在不丹宗堡建筑中较为罕见，巨大的经堂中竖立着54根巨柱，饰以精美的纹饰。莲花生大师和夏尊·雅旺·南嘉的像立在这里，供不丹人民膜拜。1651年，夏尊·雅旺·南嘉在此圆寂，其法体至今被供奉在大经堂的鎏金佛塔里。

普纳卡宗有十分丰富的宗教收藏，包括阿旺·纳姆伽尔的遗物等等，因此它是不丹最为神圣的宗之一，总吸引不少不丹人前来朝圣。

当晚的住宿是在安缦普纳卡度假村，位于普纳卡宗以北7公里的山谷里。车子在清澈而湍急的河边停下，眼前是一座挂满了经幡的吊桥，度假村为了迎接我们，还特意安排了一场挂经幡的仪式，保佑我们一路的平安。放好行李，夜已经悄悄地降临了，天上亮起漫天星斗，深邃的黑暗让星光显得异常的灿烂。在这里，没有光害，就算黑暗，反而更能看清楚一些事情吧。

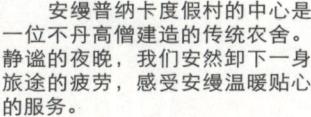

安缦普纳卡度假村的中心是一位不丹高僧建造的传统农舍。静谧的夜晚，我们安然卸下一身旅途的疲劳，感受安缦温暖贴心的服务。

# Chapter5
## 岗提，黑颈鹤家乡

珀吉哈山谷有不丹的瑞士风光，
你可以静静地体会它沁人心脾的美。
青藏高原的黑颈鹤每年都来这里越冬，
它们抵达和离开珀吉哈山谷时，
会盘旋于当地的寺庙，
十分神奇。

## 深呼吸，用双眼收藏风景

　　过程就是旅行，就是目的地。而不丹就能充分让你享受这样的旅行乐趣。目的地往往是城镇和宗，但抵达的过程往往比目的地还要难忘，一路铺满戏剧性的风景。

　　不丹的中部，是收藏风景的地方。平均海拔都在3000米左右，有多少的山，就有多长的山路，弯弯曲曲，蜿蜒着无尽山水。每一个转弯处，都有参天古树撑起蓝天白云的景致。

　　这些风景一直都在那里，行色匆匆的旅人只能草率地看上一眼，从此它成了行程中最难以磨灭的回忆。然而在这些地方生活的不丹人可没有那么浪漫的心情。在半山腰会不时看见孤零零的农舍，与世隔绝，宛若悬崖上的花，兀自开着，却也有自己的春天。我不禁想：村民下山要花多少时间和力气呢？他们早已经习惯了这种我们看不惯的生活方式，谁幸福谁快乐，都是取决于自身如何看待问题的方式，如果让不丹人住进我们鸽子笼一样的房子，或许他们会觉得我们都是囚犯吧。

　　我打开车窗，呼吸着新鲜空气，杉树的气息那么的清爽。一口新鲜空气或许已经是城市人最低也最难达到的生活要求了，但在不丹到处都是。单是来不丹深呼吸，就是旅行的绝佳享受了。

Bhutan

不丹的中部,是收藏风景的地方,它促成了旅人行程中最难以忘怀的回忆。

## 旺地也曾风光

由普纳卡驱车前往珀吉哈山谷，同样得沿着不丹国内唯一的高速公路行驶，半小时后就抵达21公里外的旺地（Wangdue Phodrang）。不丹的城镇大多雷同，总是沿河建造并向四周扩散，几条小街就是一个城镇了。

由河边就能看见高高在上的宗，孤绝中有种不可一世。

旺地，正如大部分的不丹小镇一样，只有一条大街，大街上是老旧的木头房子，显得有点脏兮兮。目前当地政府正在规划新区，新房子一般也只有三层楼高，类似我们的公寓，一切完工后，位于老城区的居民就得迁往新区。"我们真的不打算搬家呢，住了那么久，一切都习惯了。"当地居民说，"然而由于老区缺乏规划，有排水等问题，一些房子也在河边，经常要面对洪水的威胁等，为了让市容更美观，所以政府希望我们都能住进新房子里。"

# Bhutan

照惯例，我们顺便探访了旺地宗，这个占据山头的宗也是由夏尊·雅旺·南嘉于1638年建造的。宗位于山脊上，占据了绝佳的地理和军事的位置。然而正如其他宗一样，其选址的过程也有传说，相传当地人曾经看见在该处有四只喜鹊飞往四个不同的方向，这被认为是吉祥的预兆，有利于佛法向四处弘扬，于是这里就出现了宗。

虽然我们现在已经难以想象旺地曾经有过的风光，然而在不丹的历史中，旺地占据了重要的位置，它曾是不丹的陪都。1644年，统领当地的圣人曾经是不丹地位最显赫、声望最高的要人，皆因旺地的地理位置掌控了当时前往西藏、廷布和普纳卡的交通运输。

旺地宗较少修缮，因此得以保持建筑古朴的味道。

旺地宗由印度政府出资维修

和其他的宗比较，旺地宗显得更为陈旧，但也更能感受到岁月的沧桑感，同样旺地宗也曾遭受到地震和火灾的破坏，现存的建筑大多是200年前所建造的。由于建造于山脊上，旺地宗较为狭长，外墙种满了仙人掌，是为了抵御外敌的入侵。

街上倒是有很多的流浪狗，也是懒懒的，正如小镇一样，不愿意醒过来，我们也不想打扰它。在不丹佛教的轮回信仰中，人死后就会投胎成狗，在往生的路上，也是依靠这些最忠实的朋友指路，所以狗在不丹是一种神圣的动物。我们在野餐的时候，就引来一群野狗，静静地围坐在我们周围，等待我们施舍。或许也是受到了佛教的熏陶，它们的性情也十分温驯，我喂着一条老狗吃三文治里的吞拿鱼，它竟然悄悄地跟随着我，一起浏览一座荒废了几百年的寺庙。

## 童飒宗宛若布达拉宫

离开了旺地,我们继续往东走,导游预告下一站还是宗,但那可是著名的童飒宗(Tongsa Dzong)。我已经多次在照片中和童飒宗打过照面,总觉得这才是不丹最漂亮的一个宗。我们在远处就能看见童飒宗,占据了三条路的路口,这一十分显赫的位置显示了童飒宗在不丹的历史上和人民心目中的重要地位,红白相间的墙体宛若布达拉宫一样,雄踞于山腰间。

距离童飒宗14公里处有个观景台,是拍摄童飒宗的最佳角度。站在这里,童飒宗似乎触手可及,然后由此下山,再经过半小时的兜兜转转,经过了瀑布、山林,过了桥攀上童飒镇。为它,我享受着这些"折腾"。

俯瞰芒德河谷美景,奔腾而去的芒德河(Mangde Chhu)是童飒宗的一道屏障。

童飒是不丹王族的大本营，神圣雄伟的童飒宗立于海拔2200米高山之上峡谷的边缘，扼守东西军事要塞，宗堡规模为不丹之最。数不清的回廊、寺庙、办事处和僧侣住所交错排布，就像走进了迷宫。

Chapter5
岗提，黑颈鹤家乡

童飒是现任旺楚克王朝的发迹地，童飒宗就是由Lam Ngagi Wangchuck（林·纳基·旺楚克）于1541年所建造的。目前统治不丹的旺楚克王朝在童飒留下了不少宫殿和行宫等，第五任国王在登基前也得到童飒浸濡一番，担任此地区的行政长官后才能开始执政。2004年，第五任国王在此担任行政长官时，童飒宗的屋顶由黄色刷成红色。

童飒宗的壁画和彩绘较新，难以看出时光打磨的印迹。

瞭望塔现已改为博物馆,收藏上好的艺术品。

  狭长的童飒宗有近百米长,占据于山脊上,内有无数的走廊、庭院等,除了精彩的宗教题材壁画外,宗内共有大大小小的23座寺庙,其中位于最北边的讲经堂最为漂亮。站在童飒宗的西面,就正好对着河流和山谷,垂直落差近几百米,一条小路能通往对面的瞭望台。过去人们要抵达童飒宗就得经过2小时的步行,一路爬上来,才能更深刻地感受到童飒宗的雄浑。童飒宗的瞭望塔设于附近,是一栋独立的塔楼,目前经过奥地利团队的修复,已经改造成博物馆,专门展示不丹的王族历史和不少佛教圣物。我们顺着导游指示的方向,顺时针欣赏展品,其中包括不少王族穿戴过的衣物,都是图案繁复上好的艺术品。

  博物馆的顶层是一个开放式的露天平台,那是整个博物馆最令人留恋的地方,收藏着360°的不丹美景。在这里静静地坐着,让风吹动心绪,眼前的风景让你觉得如果时间能在这一刻停下就好。

Chapter5
岗提，黑颈鹤家乡

## 古老的岗提寺

　　翻越黑色山脉（Black Mountain），我们今晚的住宿地珀吉哈山谷就位于黑山国家公园的西侧。珀吉哈山谷（Phobjikha）也称为"岗提"，以山谷一座著名的寺庙命名。我们入住的安缦岗提度假村（Amankora Gangtey），大堂就有一扇长达十来米的落地大窗，窗口设有舒适的沙发，服务员及时送来热茶。眼前窗外，简直就像一幅田园牧歌的山水画，宽广辽阔的珀吉哈山谷绿意可掬，小山丘上安坐着岗提寺（Gantey Coemba），雨后的彩虹，宛若一座桥搭在寺庙金光灿灿的屋顶上。时间没动过这地方的手脚，她的昨天今天和明天，应该没什么不同。

坐在安缦岗提度假村的躺椅上，珀吉哈山谷的美景就在眼前。

77

Bhutan

　　岗提寺占据了山谷的黄金地段，被重重山峦围绕着，在庙里同样能眺望到青葱的珀吉哈山谷。正值不丹雨季，一片湿润绿油油。根据当地传说，贝玛·凌巴（Pema Lingpa，藏传佛教宁玛教派的最重要的圣人之一）曾经预言此处将会出现一个寺庙，而佛法将在此弘扬。1613年，贝玛·凌巴和孙子嘉瑟·贝玛·廷里（Gyalse Pema Thinley，也是其转世）在此建造了一座宁玛派寺庙。目前寺庙内约有100名僧人，占据中心的佛殿则根据西藏建筑风格建造，由8根巨大的柱子支撑着，是不丹最大的佛殿之一。

**岗提寺的僧侣们戒律严格，极力避开和世俗人的接触。**

Chapter5
岗提，黑颈鹤家乡

听了一会僧侣的早课，我们在寺庙内闲逛。历史悠久的岗提寺以精致的木雕闻名，由于木雕面临虫蛀的灾害，有关当局正在慢慢将之替换，寺庙不少角落正在施工中。寺庙附近有座经学院，吸引了不少人到这里学习长达9年的佛学课程。经学院附近则是一所修道院，一排白色的长形平房供僧人打坐修禅使用，静坐的僧侣得在房子里呆上三年零三个月零三天，其间不得外出，餐食都是由其他僧人从外递送，十分艰苦。

从前热石浴只属于不丹贵族，不丹人相信，热石滚入冷水中，石头内的日月精华会慢慢释放出来，滋养人的身心。

79

## 不丹人对黑颈鹤很"友爱"

珀吉哈海拔约3000米，冬天特别地寒冷，当地人口约5000，12月份都会迁徙到海拔较低的旺地过冬，让位给珍贵的黑颈鹤。那时候黑颈鹤就会从更高海拔的青藏高原飞来，到此交配筑巢并产下幼子。

碗状的珀吉哈山谷视野开阔，是不丹少有的山谷冰川。冬天积厚雪，夏天盆地则绿草如茵，不少小溪流淌其中，形成了低洼沼泽地，也是黑颈鹤绝佳的栖息地。山边有不少的徒步小径，我们随着导游步行于乡间小路，沐浴在夏季的凉风和微雨中。我从未如此热爱走路，要不是来了不丹，我才发现原来旅途中最美好的风景都是走出来的。山谷里有牦牛、驴、马在低着头吃草，似乎它们生下来就干这些事，为这些事而忙。

Chapter5
岗提，黑颈鹤家乡

珀吉哈山谷的农舍都设有太阳能板，这里尚未供电，当地人都利用太阳能来发电，稍微富裕的人家就采用自家的发电机。我们后来打听到珀吉哈出产优质的土豆，大部分还出口到印度，因此居民还算富裕，其他更为贫穷的地区甚至设有了电线缆，叫人费解为什么这地区那么多年来都没有正常供电。原来为了保护这一带脆弱的生态，也避免黑颈鹤受到伤害和干扰，这一地区禁止架设电线。由此可见，不丹为了保护野生动物和环境，甚至愿意牺牲自身的便利。目前政府正在安装地底电缆，费用比高架电缆贵很多，但也较为美观，更重要的是它不会干扰到黑颈鹤的生态，而当地人也能同时享有现代生活的便利。

Bhutan

来到珀吉哈山谷的旅人都是为了这里的黑颈鹤。每年冬天，珀吉哈山谷就会有约400只黑颈鹤到访。黑颈鹤属于濒临绝种的鸟类，全球也只有5000～6000只。黑颈鹤身高大约1.5米，身形修长，十分优雅，平均寿命有七八十年，因此在东方文化中，黑颈鹤经常是长寿和吉祥的象征。不丹境内就有几处黑颈鹤喜欢过冬的山谷，其中珀吉哈山谷最受欢迎。每年10月中至12月它们陆续抵达不丹，并逗留至隔年的4月份才离开。不丹人对黑颈鹤很有感情，当地甚至有不少歌谣歌颂黑颈鹤的到来和离开。每年11月初，随着黑颈鹤的到来，珀吉哈山谷也会举行黑颈鹤节。当地人称黑颈鹤为"仙鸟"，黑颈鹤抵达和离开山谷时，会盘旋于当地的寺庙，十分神奇。

Chapter5
岗提，黑颈鹤家乡

我们7月到访珀吉哈山谷自然错过了观赏黑颈鹤的季节，但游客依旧能到黑颈鹤游客中心参观，通过图片和讲解文字了解黑颈鹤的生态环境。游客中心的工作人员每年都会详细记录下黑颈鹤的数目，发现数目有逐年下降的趋势，原因在于周边国家的生态已经遭到破坏。

工作人员说保护园区内还有两只黑颈鹤，是一对母子，原来小黑颈鹤受伤了，母鹤也得留下来照料它。国王甚至下令，如果谁能保住黑颈鹤，将能获得丰厚的奖金。然而我们到访时，小黑颈鹤刚刚死了。在游客中心的望远镜内，我们找到了孤零零的母鹤，在沼泽地上踽踽独行，她还要再等多几个月，同伴才会由青藏高原飞来呢。

# Chapter6
## 卜姆当，神仙住的地方

山谷中遍布了庙宇，
漫野的旗幡随风飘荡，
把人们的祝福送上天际，
在卜姆当更能感受到不丹藏传佛教的精髓。

Chapter6
卜姆当，神仙住的地方

## 盛产美女的地区

由不丹首都廷布开车往卜姆当（Bumthang）得耗上8小时，司机先给我们打了"预防针"，而且还是8小时的颠簸。这已经是不丹境内最好的高速公路了，其实也只是一条宽3.5米，由西至东的数百里柏油路，雨季时会冲断一段，冬季大雪将部分覆盖。其实能坐上车已经算是幸运了，40多年前要到卜姆当旅行，你只能走路或骑马。

为什么要去不丹？你会在这条路上找到答案。未经大量砍伐的山林是全世界的"肺"，吐出新鲜氧气，或许不丹能考虑将其空气出口。在不丹，你绝对能放心呼吸，2005年，不丹成为了世界上第一个在公共场合禁止吸烟并禁售香烟的国家。

不丹河谷交错，春暖花开之时沿着缓缓流淌的唐河（Tang Chhu）徒步，让人心情愉快！

85

Bhutan

是风景太迷人还是路途太刁钻？车子离开廷布不久，我就感受到一阵眩晕。会晕车的人确实不适宜到不丹中部旅行，狭窄而蜿蜒的柏油路蛇行于重重山峦间，据说有人作过统计，每1公里的柏油路就有7个转弯。氤氲雾气沉静地缠绕着挺拔的松柏，造型类似瑞士度假屋的农舍则散落于林间，有时候几个农舍就是一个村庄。这场景真会让人误以为这就是"神仙住的地方"。"这里就是我们的Beyul了。"导游说。在藏传佛教中，Beyul的概念，类似"香格里拉"，是无数个隐藏于深山纵谷间的桃花源，那里收藏了历代圣贤们为后代遗留下来的经书和圣物等，人们无忧无虑快乐地生活。

在不丹人的心中，卜姆当盆地确实是神仙寓所。这里的神话和传说太多，甚至和历史纠缠在一起。每一座庙宇都有令人匪夷所思的故事，来到卜姆当，你得抛开理性思维，选择相信眼前所见所闻，每一个山峦、庙宇、湖泊都有神仙庇护、妖魔肆虐及他们路过的痕迹。

Chapter6
卜姆当，神仙住的地方

　　卜姆当位于不丹中部，海拔约为2580米，由四个主要的山谷组成。卜姆当（Bumthang）名字的来源有两种说法，因其山谷形状酷似Bumpa——一种用来装圣水的宗教器皿，因而得名。对更世俗的人来说，或许他会更愿意接受第二个解释，在不丹语里，"Thang"为"平原"，而"Bum"为"女孩"，在不丹人心中，卜姆当不止是神圣的地方，还是一个盛产美女的地区。其实不止在卜姆当，在不丹境内要遇见俊男美女的几率还是蛮高的，酒店里的男女服务员都长得颇为标致叫人惊艳，不丹人的仪容早已经让1774年到西藏并经过不丹的英国人乔治·伯格（George Bogle）留下深刻印象，他把不丹人形容为他所见过体型结构最美的种族。中部和东部的不丹人属于蒙古人种，肤色较为白皙，酷似藏族或北方汉族，其中不少是许多世纪前由中国西藏移居到不丹的后裔，而南部的不丹人则以尼泊尔裔为主，肤色黝黑，五官更为突出。

　　卜姆当是不丹中部很美的一个地方，这里还盛产美女帅哥！

## "白鸟之乡"伽卡

只有一条大街和几排木房子的伽卡（Jakar）是卜姆当最大的城镇，因此当地人就把伽卡称为"卜姆当"。午后的不丹小镇总是宁静得让外人发慌无所适从，当地人依旧无所事事地串门子，妇女则在忙碌地编织毛毯。当地的织物称为Yathra，主要以简单的几何图案和线条构成，是类似羊毛毯一类的手工编织物，由于不丹并没有西藏的地毯编织传统，当地人就把Yathra当成地毯来使用，冬天时就裹在身上得以御寒。

"伽卡"意为"白鸟之乡"，外观严峻的伽卡宗已经有超过500年的历史，就位于镇上一座小山丘上，温柔地俯视着卜姆当盆地。据说曾经有白鸟绕着山丘飞翔，因此被视为吉兆，当地人就在此建造了寺庙和宗。

游客则以附近的卓霍（Chokhor）山谷作为据点，游览周边著名的寺庙和王宫。

伽卡宗也称"白鸟宗堡"，屹立于镇上的一座山丘上，前三任国王在此举行火葬。

Chapter 6
卜姆当，神仙住的地方

Bhutan

　　卜姆当是旺楚克王朝崛起的地方，后来才迁都到普纳卡和廷布，不丹的第一任和第二任国王就常年居住于此。与不丹境内其他类似城堡的宗比较，体量不大的旺迪佐林宫（Wangdichholing Palace）更像一个当地农舍。对于不丹王室来说，卜姆当有重要的意义，因为王后也在此为现任国王建造了庙宇，周围地区还有不少王室的行宫，每年王室成员也会到这里来度假。

　　外观很像农舍的旺迪佐林宫是不丹第一任、第二任国王的王宫，周围的山坡上满是可爱的苹果园和宁静的农舍。

伽卡小镇的商店里的商品，安安静静地等你选中它。

目前略显凋零的王宫则由国王的亲属接管，并改为僧侣学校。小和尚经常在空地踢足球，闲暇时就对着眼前的山林发呆。隔壁安缦居的住客还可以参加庙宇每天晚上7点的晚祷，接受高僧的祝福。酒店也会定时邀请僧侣到客房前的空地表演节庆舞蹈等。

安缦酒店邀请了僧侣为我们表演节庆舞蹈。

## 卜姆当，一路佛光

卜姆当是不丹历史最悠久的地区，也聚集了不丹不少重要的寺庙，由于对外交通不便，因此游客在这里更能感受到不丹藏传佛教的精髓，并感受到不丹的淳朴民风。

来到卜姆当，自然得进行一场朝圣之旅。山谷中遍布了庙宇，几乎是几步一庙，到处可见旗幡随风飘扬的景致。风一吹过，祝福就会送往天际，这场景真会让人误以为这就是神仙住的地方。

位于卓霍（Chokhor）山谷的简培寺（Jampey Lhakhang）建造于659年，是不丹最重要的寺庙之一。相传文成公主入藏时，带着一尊珍贵的释迦牟尼佛像，这尊佛像陷入泥沼，无人能抬起。文成公主于是说整个青藏高原上其实躺着一个女妖魔。藏王松赞干布为了降服女妖魔，于同一天在大藏区内建造了108座庙宇，其中拉萨的大昭寺的选址就位于女妖魔的肚脐，而目前位于不丹境内的简培寺就钉住了女妖魔左膝盖，令她动弹不得。庙内共有三个石阶，分别代表了过去、现在和未来，第一个石阶已经下沉到地底，而当地人相信石阶若完全下沉，就是世界末日，这是不丹版本的《2012》。

相传莲花生大师曾在库杰寺（Kurjey Lhakhang）修行留下印记，因此最为神圣，"Kurjey"就是"印记"的意思。

Chapter6
卜姆当，神仙住的地方

简培寺相传为藏王松赞干布在不丹所建的第一座寺庙。

93

# Bhutan

寺庙内布满了精美的壁画,历经数百年,色泽依旧鲜丽,壁画内容多为藏传佛教的神祇和事迹等,为了保护这些珍贵的壁画,才用布幔给遮起来。寺庙内外香客源源不绝,大都是在当地居住的老人,他们手持转经轮,步伐缓慢却坚定地绕着寺庙走,为死亡和往生做好准备,那或许是他们一天中最能感觉到幸福的时刻了。

毗邻简培寺的库杰寺(Kurjey Lhakhang)也是不丹境内最重要的寺庙,这组由三个寺庙组成的寺庙群,和莲花生大师有很深的渊源。相传莲花生大师于8世纪来到卜姆当,并降伏了当地的神明,治愈了当地国王的重病,因此佛法得以在卜姆当弘扬。在藏传佛教里,莲花生大师被尊奉为"第二佛",是佛陀的转世,因此他修行过的任何地方都十分神圣。寺庙还保留了莲花生大师静坐的洞穴,其中一洞穴内还留下了他身形的凹陷印记,也因此最为神圣。

我们在寺庙闲逛,这里的小僧人似乎数量颇多。早饭过后小僧人正在学习吹长喇叭,低沉浑厚的声响响彻山谷,一些则在练习制作酥油花。酥油花由糌粑和黄油制成,并染上不同的色彩,不同造型供奉给不同的神祇。

除了莲花生大师,在卜姆当旅行也经常会听到贝玛·凌巴这个圣人的名字。卜姆当正是贝玛·凌巴的出生地。贝玛·凌巴是藏传佛教里所谓的德童(Terton,也称为"伏藏师"),他类似寻宝者,主要任务就是寻找由莲花生大师在不丹各处收藏起来的宝物,包括经书、法器、佛像等,这些宝物都是在几百年后让德童发现的,而卜姆当也是不丹境内发现最多宝物的地区之一,因此更为神圣。

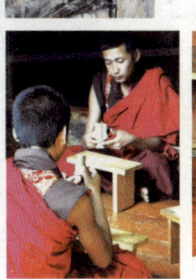

# Bhutan

## 不丹人把阳具当门神

　　过多的寺庙或许还不能净化你的心灵，那么就让大自然来洗涤你的身心吧。卜姆当的山谷富饶，有无数的徒步路线，基本上随便乱走都能感受到这里田园牧歌般的风景。这一带的楼房依旧是传统不丹样式，土木结构，异常雄伟，并设有不少雕工精美的木窗。卜姆当相对保守和淳朴。

　　在卜姆当的农舍外墙一般都会画上各种色彩鲜艳的吉祥图案，其中还包括让外人看了脸红的巨大阳具，这些阳具不止色彩鲜艳，而且还有花草装饰。不丹人相信阳具能辟邪，父母都会给刚出生的小孩戴上阳具坠子，以保平安健康长大。

　　不止卜姆当，帕罗和普纳卡的农舍外墙、门口也绘有阳具，简直是无处不在的门神！缠绕其上的丝带就像护着一个神，不丹人对此习以为常。

外人看了或许会想入非非，但导游说："如果你心有邪念，无论看见什么都会让你有额外的想象。"看来"这些东西"还有考验人心的作用。在廷布等旅游业更为发达的地区，已经较难看见这些独特的装饰性图案。导游说，随着不丹越来越开放，外界的影响也慢慢改变了当地人的观念，他们开始觉得害臊了。其实不丹人对性和婚姻有独特的态度，第四任国王甚至生了几个儿女后才举行大婚，并且一次迎娶四姐妹。

卜姆当人还盛行所谓的Night Hunting（"狩猎"之夜），男女若在节庆上看上对方，男方可以在晚上偷偷潜入女孩家里私定终身，如果男方过夜后留下就顺理成章成为家里的女婿。以我们的标准来看，谁还会说不丹保守呢？

钥匙扣、装饰品也少不了阳具，不丹人相信这能保佑他们出入平安。连明信片也光明正大印着阳具，意外收到的朋友也会觉得雷人吧！

# 发现不丹灵性之美

## Chapter 7
## 不丹童话般的历史

不丹的历史
是伴着佛教的传说和圣人的圣迹一路走来的，
佛教文化浸透了
喜马拉雅山脚下这片山域，
至今不丹境内仍留下不少
莲花生大师的"身印"。

## 历史自"神魔之争"开始

不丹的古代历史,几乎就是一本神奇的小说,充满了佛教的传说和圣人的神迹等。这些历史宛若梦幻的童话,总是由很久很久以前的一场神魔之争开始,具有超现实法力的圣人降伏了当地恶魔,并使佛法得以宣扬。不丹导游讲述着这些令人匪夷所思的故事,总是一脸深信不疑的表情,如果你对这些故事质疑,不丹人或许会反问你:除了神,谁还有能力在悬崖峭壁上建造虎穴寺呢?

各方学者们已经作过研究,也发现不少口耳相传的历史和推算的史实并不相符,因此要了解不丹历史,正如到这个国家旅游一样,你得尽情地发挥想象力,并相信眼前一切都是真的,正如相信童话故事一样。

这些"史实"都记录于经书里,而经书大多收藏于宗内。由于不少宗经历过火灾及地震等,残留下来的经书已经不多。除了保留于民间传说外,不丹的古代史也零散地记录在早年西方探险家所留下的笔记里。

根据当地的考古发现,公元前2000年不丹就有人类居住。这些逐水草而居的古人夏季生活于高原,冬天则移居到低海拔的地区,这种生活形态至今依旧保留了下来。当时的游牧民族信奉苯教,在佛教传入西藏前,苯教是流行于西藏的一种原始宗教,崇拜的对象包括天地日月、雷电冰雹、山石草兽等各种自然物以及自然界的神灵和鬼魂,至今不丹的藏传佛教里也保留了不少苯教色彩。

宗堡壁画描绘的场景,你会觉得十分有趣,他们是人化的神还是神化的人?

不丹人从小看着"神谱"长大,神的教育早已渗透到他们的生活中。

# Bhutan

## "西藏之边陲"

不丹历史的重要年份都和当地佛教的传播息息相关。公元746年，卜姆当的国王信杜·拉嘉（Sindhu Raja）被恶魔附身，前来搭救的莲花生大师不止驱赶了恶魔，甚至将恶魔驯化并使之皈依佛法，国王及敌邦也因此信奉佛教。或许莲花生大师也对不丹恋恋不忘，第二次由西藏前来不丹时，还乘坐了一只雌老虎飞往帕罗，并在虎穴寺修行。不丹境内留下了不少莲花生大师的"身印"，都成了重要的朝圣地。不丹东部的塔克拉（Takela）正在建造高约46米的莲花生大师雕像，为全世界最大。

不丹与中国西藏有着很深的渊源，同在一片佛土上，文化上也是水乳交融的关系。

Chapter 7
不丹童话般的历史

公元838～842年，统治西藏的朗达玛赞普发动了灭佛运动，大量的藏族涌入不丹西部，由于当时的局势不稳定，西藏越来越多的藏族移居到不丹。现在大部分的不丹人就是这些藏族人的后裔。由于当时噶举派在西藏受到排挤，因此不少噶举派的僧人和信徒也来到不丹。

中国西藏和不丹之间，有不少文化渊源。Bhutan（不丹）意为"西藏之边陲"，和西藏文化一脉相传，在称为"不丹"之前，这块位于西藏以南神秘的区域，名字都是邻居西藏给的，比如Lho Mon（南方的幽暗国度）、Lho Tsendenjong（柏树之地）、Lhojong Menjong（南方的草药王国）。而不丹是迟至17世纪才有了自己的名字——雷龙之国。

相传莲花生大师第二次由西藏前来不丹时，乘坐了一只雌老虎飞往帕罗，并在虎穴寺修行。不丹发行以此传说为题材的邮票。

## 说说不丹的王室史

由9世纪至17世纪,不丹处于群雄割据的时期。噶举派的宗师阿旺·纳姆伽尔(Ngawang Namgyal)于16世纪由西藏来到不丹,通过讲学获得当地民众的支持,并统一了当时处于混战的不丹。他自封为沙布隆(亦称"法王"),即最高宗教和政治领袖,集神权、政权于一身。为了方便统治,阿旺·纳姆伽尔开始建造宗,并设有潘罗(Penlop)一职,职务类似我们今天的省长,并将全国划分为中、东、西3个管理区。宗除了有防御的功能外,也同时是政府行政区和寺庙,开始了不丹政治中的政教合一传统。

随着阿旺·纳姆伽尔的去世,不丹缺乏一个能统领全国的政治强人,结果各个派系和军阀之间明争暗斗,不丹又陷入了混乱内战的局面。

2008年11月6日,不丹新国王的加冕大礼在首都廷布举行,第四任国王吉格梅·辛格·旺楚克(右)按照佛教仪式,将象征王权的王冠授予其子、第五任国王吉格梅·凯萨尔·纳姆耶尔·旺楚克(左)。(CFP供图)

Chapter7
不丹童话般的历史

在印度十分活跃的东印度公司一直到了18世纪末才开始和不丹接触,当时东印度公司协助孟加拉北部的库赤·比哈尔(Cooch Behar)王国将境内的不丹人驱逐出境,也开始了不丹和英国人之间多次的战役。此后,西方的探险家开始进入不丹,不少探险家比如乔治·伯格(George Bogle)等留下了大量的游记和信函等,生动地记录了18~19世纪的不丹情况。

一直到了20世纪初,不丹才再次出现另外一个政治强人,童飒宗的潘罗乌颜·旺楚克(Ugyen Wangchuck)在众多德西王的拥护下,被选为国王——Druk Gyalpo(意为龙王),并废除了德西王的制度,不丹开始了百年国王世袭的制度。乌颜·旺楚克和英国签署了《普纳卡条约》,确保了不丹的政治主权。

第二任国王吉格梅·旺楚克(Jigme Wangchuk)24岁继任,任职期间,印度结束了英国殖民地的统治获得独立,不丹也和印度签署了类似《普纳卡条约》的条约,再次确保了不丹的主权。

第五任国王首次当众亲吻新娘,令围观民众热烈鼓掌。(CFP供图)

Bhutan

第三任国王吉格梅·多吉·旺楚克（Jigme Dorji Wangchuk）于1952年即位，深知不丹若继续保持封闭，将会给国家发展带来灾难，于是开始积极加入国际社会并和印度保持友好关系。1971年不丹加入联合国，同年和印度建立邦交并互派大使。吉格梅·多吉·旺楚克也推行了不少国内政治改革，并设立国民议会制、编纂12册的法典和废除农奴制，保障了不丹人的土地拥有权，还成立了不丹军队、高等法院等。

16岁就登基的第四任国王辛格·旺楚克在其父亲改革的基础上将不丹建设为一个更为现代化的国家，他也经常被视为"不丹现代化之父"，并多次强调，不丹在追求现代化发展的同时，更应该重视其精神建设，相信有了文化和身份认同后的不丹人将更容易抵御外来文化的入侵。他同时提倡令不丹举世闻名的"幸福指数"，不丹主要的环保、旅游等政策都是在他任期内完善的。1974年的登基大典上，国外媒体首次受邀出席，并逐渐开放其旅游业，结束了这个国家长期与世隔绝的状况。

Chapter7
不丹童话般的历史

辛格·旺楚克十分重视教育、医疗、环保、通讯和农村发展等课题。在他任期内，不丹人民的健康教育等问题逐渐获得良好的改善，并解禁了电视，引进互联网等，因此第四任国王深受民众的爱戴。

2005年，辛格·旺楚克宣布于2008年将王位拱手让出给长子，并将不丹的政治体系由绝对君主制改成有民主色彩并设有议会的君主制，在这个制度之下，国王依旧是国家元首，但不再拥有无限权力。2008年3月，不丹举行了百年来的首次选举。

17世纪，夏尊·雅旺·南嘉在帕罗附近兴建了杜克耶宗（Drugyel Dzong），却因烛火意外引发了一场火灾而被烧毁，直到今天，这里仍是废墟一片。

105

# Chapter8
## 神佛花园，花开见佛

不丹人相信自己是龙的子民，
世代信奉藏传佛教，
家家户户都供奉神坛。
在不丹，
宗教就是生活，
生活也是宗教。

Chapter8
神佛花园，花开见佛

## 满天神佛的庇佑

在不丹，神无所不在，它庇护着这神秘王国的生灵，也祝福前往探秘的旅人。

你总能听见那些富有宗教色彩的传说、神话和喇嘛们低沉的诵经声，看见随处飘扬的旗幡。在寺庙里，长明的酥油灯散发着一股古老的味道，你谦卑地低着头，让僧侣在你头上洒上圣水，如果不担心卫生，还可以掬一小口圣水，喝下，然后用五体投地的姿势，贴着因无数人走过而变得光滑的地板，向神灵祈求一生的幸福。

"不要太贪心啊！"导游说，当地信徒虽然经常膜拜这些神祇，但是他们往往为众生祈求，绝对不止是为了一己的私欲。寺庙里经常有老人，都是大老远来朝拜的，在他们沟壑纵横的脸上，经常流露着祥和与宁静，因为他们相信。

> 不丹人是虔诚的佛教徒，也正因为有信仰，他们过着清心寡欲而又满足的生活。

107

大部分的不丹人都是虔诚的佛教徒，家家户户都供奉了神坛，每个村庄或寨都有无数座寺庙和宗。不丹在法律条文上保障了国民的宗教信仰自由，但政府限制佛教（即藏传佛教）以外的宗教团体在国内传教，对非佛教的建筑物加以规管，又限制其他宗教的庆典活动，令佛教变相成为国教。

藏王松赞干布于7世纪中统一了吐蕃，并开始弘扬佛法，相传他在不丹中部卜姆当和帕罗河谷修建了寺院。直至公元8世纪，印度佛教圣人莲花生大师从西藏来到不丹传教，其后到不丹传教的喇嘛络绎不绝，移居到此的藏人亦大增。

莲花生大师是宁玛派（俗称"红教"）的创始人，红教是藏传佛教诸多派系中最古老的一个分支，此派喇嘛戴红色僧帽，故称"红教"。到了10世纪，藏传佛教在西藏式微，反而促进了不同教派的崛起，包括噶举派等，此一教派传入不丹后获得迅速的传播，目前也是不丹最多国民信奉的藏传佛教教派。

Chapter8
神佛花园，花开见佛

据不丹皇家政府计划委员会于2002年发表的报告显示，接近75%的国民信奉佛教和原始宗教，另有25%的国民则信奉印度教，只有不足1%的国民是信奉基督教及其他教派。全国有2000多座佛教寺庙及1000多座佛塔，不丹政府也会拨款资助寺庙，目前不丹有大约6000名的僧侣，政府在经济上也会资助僧侣团体。虽然不丹已经摒弃了政教合一的传统，但在不丹国会的150名议员当中，也会有10名的宗教团体代表。不丹人对僧侣怀有崇敬之心，甚至让僧侣为自己家里的小孩命名，导游的名字就是当地一位高僧赐予的。在过去，不丹人甚至会将其中一个小孩送到寺庙里修行，这被视为善业。

109

Bhutan

## 龙之国，佛之国

在不丹，宗教就是生活，生活也是宗教。不丹人称自己的国土为Druk Yul（龙的国土），这里生活着Drukpa（龙的子民），国王为Druk Gyalpo（龙王），Druk（龙）的来源也和宗教有关，源自藏传佛教的其中一个分支——噶举派（Drukpa Kargyupa）。根据当地传说，一僧人葛瑞·耶喜·多吉（Gyarey Yeshe Dorji）在西藏建造一座寺庙时，听见了三声响雷，这被当成是龙啸，也是吉祥的预兆，于是他成立了噶举派。噶举派于17世纪在不丹得以传播，并成为当地势力最大的教派，而不丹也因此命名为"雷龙之国"。

佛法在传入各地以后，或多或少都和当地风俗文化融合，并形成各种流派，但其本质内涵与佛教教义并无分别，只是在表达及仪式上有所不同而已。在佛教由中国西

平常人家也常常见到"飞龙在天"，和中国人一样，不丹人也崇拜龙，相信龙会带来吉祥。

一只狗儿的精彩

藏传入不丹之前,喜马拉雅山脉地区(包括西藏和不丹等)的人都信奉苯教。苯教的崇拜对象包括天地日月、雷电冰雹、山石草兽等各种自然物以及自然界的神灵和鬼魂,因此不丹的佛教也带有浓厚的苯教色彩。家里若有人生病了,不丹人未必会到医院求助,而是请法师到家里作法消灾解难,不少不丹人相信,病人肯定是得罪了住家附近的神灵,因此招来横祸。

　　藏传佛教的精彩,在于其神秘感和丰富斑斓的视觉与形式感,在西方追随者甚众。不丹满天神佛和圣人,各有各的绝技和传奇故事,据说不丹的历史课本就是由这些故事构成的,连帕罗的博物馆里所展示的一些法器,说明上写着这些展品的来源为:self created(自我产生)。

# Bhutan

## 不一样的喇嘛导演

除了释迦牟尼、阿弥佛陀等佛教神祇,一些宗教圣人因为在不丹活动频密,也深受不丹民众的爱戴,其中包括"疯行者"竹巴衮列(Drukpa Kunley)。他惊世骇俗甚至满口粗言秽语的举止和温文尔雅的不丹人形成强烈的对比,不丹民居门口经常画上的巨大阳具就是属于他的图腾,他所创作的诗歌虽然有点下流,但却深受当地人的咏唱。

因为他与众不同和叛道离经,也不断在提醒我们不要紧跟着所谓的教条,虽然目的地只有一个,但通往目的地的方法有很多种。我们总不能把已习惯和熟知的当成理所当然,适当地转变和变通,有时候才能找到答案。

或许因此钦哲诺布(Khyentse Norbu)才会去拍电影,通过电影来宣扬佛法,对于电影迷来说,他们最早接触的不丹人可能就是《高山上的世界杯》的世界唯一的一位喇嘛导演。这部电影以一小僧人千方百计看世界杯直播为情节,生动地表现了不丹要如何面对全球化和西方文化的冲击,题材虽是典型的不丹故事,但是拍摄

Chapter8
神佛花园，花开见佛

我们在首都廷布巧遇一部电影的拍摄，导演全情投入，演员也很入戏。

外景地主要在印度取景，主要演员也是中国西藏人。在不丹，钦哲诺布也被称为"宗萨钦哲仁波切"，他的父亲是宁玛教派宗师敦珠法王的儿子，母亲则是不丹贵族，7岁时就被认定是藏传佛教利美派宗师却吉罗卓的转世，并送往印度的寺庙接受教育和佛法等，成年后到世界各地讲学并宣扬佛法。由于他的作风开明，有自己一套诠释佛法的方式，因此特别受到欧美佛教徒的欢迎。钦哲诺布热爱电影，曾经在纽约大学等学习过电影制作，更协助过贝托鲁奇（Bernardo Bertolucci）在不丹拍摄《小活佛》。《高山上的世界杯》在全球引起轰动，叫好叫座。随后钦哲诺布就拍摄了《旅行者与魔术师》，这部电影则完全在不丹取景，演员都是不丹人，故事渗透着佛理，通过梦境等情节说明人生无常的道理。

由于钦哲诺布的特殊身份，喇嘛拿起摄像机拍摄电影自然会引起一些教徒的不满，认为他"不务正业"。但他自有一番说辞，钦哲诺布曾经对媒体说："既然全世界都不可避免要被影像媒体侵蚀，那么我们就要运用这股力量宣扬佛法，而不是变成受害者。"活佛轮回的同时，世界也在转动。电影或许就是他弘扬佛法的法器，他所建构的光影世界，让外界对不丹的生活和宗教有了更深的了解。

## 藏传佛教，不丹必修课

藏传佛教始于松赞干布时期，自莲花生大师来到西藏，制服了外道（苯教），逐渐建立了藏传密教的基础，此一时期称为"前弘期"。此后经过朗达玛灭佛的波折，佛教经过灭佛运动的破坏后重新振兴，并逐渐形成了宁玛、噶举、噶当、萨迦、格鲁、觉囊等各派的传承，在西藏出现了政教合一的特殊局面，此一时期称为"后弘期"。

近现代，藏传佛教逐渐流传到世界各地。

　　藏传佛教常被人认为是一种具神秘及原始民族色彩的宗教,一般人把它称为"密宗"或"喇嘛教",这些称呼和藏传佛教的内涵有些许的不同。藏传佛教是佛教各宗派中的一部分。佛教在2500多年前由本师释迦牟尼佛弘扬,传至今天,主要分为南传(即缅甸、泰国和斯里兰卡一带之佛教)、北传(中国、朝鲜、越南及日本等地盛行)及藏传(中国西藏、尼泊尔、不丹等地盛行)。藏传佛教主要分为四大主流派别,分别为:格鲁派、萨迦派、宁玛派及噶举派。在中文中,这四大主流派别因其服饰及建筑物之特色而常被称为"黄教"、"花教"、"红教"及"白教"。

# Chapter 9
## 世界上最英俊的国王

不丹第四任国王辛格·旺楚克曾经被称为
"世界上最英俊的国王",
他有四位王妃,
而且四位王妃都是出自一家的四姐妹。
不丹举世闻名的幸福指数,
他就是最有力的提倡者。

Chapter9
世界上最英俊的国王

## 国王是不丹最佳代言人

在曼谷转机前往不丹的那几天,逢人谈及不丹,无一不表现得异常兴奋。某旅游编辑知道我要去不丹,也不顾矜持,问能不能也带她一起去,装在行李箱里也可以。2006年,不丹王子吉格梅·凯萨尔·纳姆耶尔·旺楚克(Jigme Khesar Namgyel Wangchuck)在曼谷参加泰国国王登基60周年庆典,温文尔雅毕业自牛津大学的太子引起了一阵民间骚动,还上了不少报章杂志的封面,泰国美眉记住了不丹这个国家。

现在这个明星王子,已经于2008年登基,成了不丹的第五任国王,依旧散发着无穷魅力,引起少女们的尖叫。"我们好喜欢现在的国王,他实在太帅了,他很喜欢年轻人,经常和他们一起打篮球。加上他是国外毕业,谈吐十分得体。他算是不丹最佳的代言人,上次到泰国去,引起当地人的关注,也让更多人知道我们。"瑟玲说。她通过交友网站认识不少海外友人,他们对不丹的王室成员特别感兴趣,也特别清楚不丹有位英俊而英明的国王。

不丹人男俊女俏,一身的传统服装更是令人难以抗拒。

五任国王是不丹全民的偶像！不管是在公众场合还是私人独宅，五任国王就像神明一样被顶礼膜拜，还有哪个国家的国王能受到此番礼待呢？

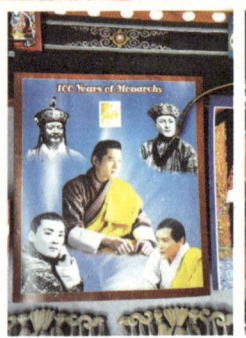

不丹的国王都长得十分帅气，第四任国王吉格梅·辛格·旺楚克在1972年继位时才16岁，不少海外媒体受邀采访不丹，将他形容为"全世界最年轻最英俊的国王"。到过不丹的人觉得不丹人男俊女俏，特别是穿着一身的传统服装，身上更是散发着一种令人难以抗拒的异国情调，这样美丽的国家自然住着漂亮的人，看来地灵人杰是有道理的。

## 王后擦身而过

在不丹旅行，话题也经常会触及王室成员。现任国王和导游甚至是小学同学呢。"虽然是王室成员，但是他从来不摆架子，人十分友善呢。他有很多外国的朋友，经常邀请他们到不丹玩，有次大家还在河里游泳呢！"

由于不丹的道路并不多，加上王室在不少地区都有行宫，每次经过某处，导游就会指出这是国王或王后的住所。这些王宫一般上体量不大，类似小别墅，往往隐藏在重重密林当中，十分低调。

在不丹旅行时，我们也满心期待能碰上王室成员。记得一次在前往卜姆当的途中，司机被迎面而过的越野车喝令停下。两个警察一样打扮的挺拔男子对司机说了几句话，导游对我们说，王后的车就要经过了，导游、司机都得低头表示敬意。不一会几辆越野车在我眼角边上呼啸而过，只看见几个仪容端庄的女子在车上闲聊着。

100元的不丹钞票正面印着国王头像，背面印的是扎西却宗。扎西却宗是现任国王的办公场所，游客要在国王下班以后才能进去参观。

### 不丹少女想嫁国王

　　不丹是一个阶级观念十分重的国家,平民甚至不能直眼看着国王。然而由于不丹的国王都十分英明和亲民,甚至经常上山下乡去访问当地居民,因此不丹人对王室成员都宠爱有加。在不丹人的家里,经常就能看见王室的照片被挂在房间里最显眼的位置,有的照片中的君主是神情凝重忧国忧民的肃穆表情,有的是脸带微笑谦和的模样。在餐馆、宗、纸币、邮票和徽章上,到处都能看见英俊国王的身影。我也不止一次听到有不丹人说:"我们热爱我们的国王,他为我们做了不少事情。现任国王吉格梅不仅年轻,而且十分热爱群众,甚至能看见他和公众打篮球。"

　　　　暮光中普纳卡焕发出超脱之美。第四任国王辛格·旺楚克在普纳卡宗邂逅了美丽的四姐妹,后来也是在这里举行了他们隆重的婚礼。普纳卡宗真是一座幸福的宗堡!

Chapter9
世界上最英俊的国王

　　第五任吉格梅·凯萨尔·纳姆耶尔·旺楚克出生于1980年，已经是谈婚论嫁的年龄，不少当地少女还怀着嫁给国王的梦想。"每逢有什么他出席的节庆，当地少女都特意打扮，希望能引起他的注意。"其中一个女大学生对我们说。据知，第四任国王辛格·旺楚克就是在节庆上遇见心上人，并且一次把四个姐妹都迎娶入宫的。而吉格梅就是第三位王妃阿熙彩羚漾钟生的儿子。

　　2011年5月，吉格梅宣布已经与21岁的平民女大学生吉增·佩玛订婚，并在10月13日举行婚礼，70万不丹国民一片欢腾。

Bhutan

### 国王"自废"君主制

　　旺楚克王朝自1907年崛起,结束了群雄割据的混乱局面,并开始统治不丹,而其实不丹的君主制才只有约100年。第四任国王吉格梅·辛格·旺楚克一直被视为"现代不丹之父",他在位期间推行了不少政策,对内完善基础设施、开放互联网、引入电视等,对外则开放了不丹旅游,并积极和世界各地展开外交关系,不丹举世闻名的幸福指数,他就是最有力的提倡者。2005年,吉格梅·辛格·旺楚克提出将在2006年将王位传给长子,并主导了不丹的民主化进程。

不丹人热爱他们的国王,不明白为什么要实行民主制,甚至形容此举"令人心碎"。

Chapter9
世界上最英俊的国王

第四任国王在位时,就不断为不丹的政治改革做准备。不丹首部《宪法草案》于2005年3月问世。《草案》规定:不丹国会将实行两院制;国王为国家元首,而国民议会在2/3多数的支持下可以弹劾国王,在国民议会选举结束并成立新政府后,不丹将成为议会民主制国家。

和一般的君主制国家转型不同,这次的"政变"是国王主动提出的,甚至下乡和选民们宣传民主制度的模式及好处。吉格梅·辛格·旺楚克早年留学于牛津大学,思想十分开放和现代,即位以来,作风开明,体恤民情,深受老百姓的爱戴。曾经有记者问他为什么要推行民主制度,他斩钉截铁地说:"根据血统而不是能力选择一个国家的领导人是不明智的。"

2008年,不丹举行了举世瞩目的民主选举。在国王和政府的鼓励下,不丹人民踊跃投票,全国共有31.8万合格选民,投票率也高达79.4%。由于选民必须到自己的出生地投票,根据当地媒体报道,一个65岁的老妇人和13岁的孙子,花了14天,由首都步行到600公里以外的家乡投票。该届大选,繁荣进步党获得压倒性胜利,共赢得议会下议院47个席位中的44个。而人民民主党只赢得了3个席位。人民民主党的领袖是拥有王室背景的乃杜,如果他获胜,就很容易被视为不公正,民主只是国王把权力交给了另一位王室成员的把戏。

# Bhutan

同年，也是不丹新国王的登基大典，廷布举行了盛大的登基仪式，不少名人政要受邀出席观礼。吉格梅·凯萨尔·纳姆耶尔·旺楚克发表了得体大方而温柔的登基演讲：

我在位的任期，我永远不会以国王的身份来统治你。我会像父母一样保护你，像兄长一样关心你，像孩子一样侍候你。我会毫无保留地将一切都奉献给你，我会为你的孩子做好榜样，除了满足你的希望和愿望，我别无他求。我会永远以善心、平等、公正的态度来服侍你。

如果你有个平易近人、体贴民众的国王，而且又是个英俊的国王，相信你就能理解为什么不丹人会对他迷恋和疯狂。

# Chapter10
## 婚姻没有一纸合同

对于不丹人来说,
只要两情相悦,
结不结婚其实真的没那么重要,
一纸合同也并不能保证些什么,
当爱情变质,
就算有婚约也能离婚。

## 结不结婚没那么重要

在南亚旅行，好客友善的当地人总会关心加八卦地问："你结婚了吗？"在印度，婚姻是一件工程浩大、费用昂贵的人生大事，也因此离婚并不普遍，甚至还是禁忌。而在不丹，基本上很少人会特别留意你的无名指，当地人对婚姻制度的看法十分淡然，男女之间的相处也顺其自然。

现代婚姻契约的形式其实来自西方，但在不丹法律意义上的婚姻可说并不受到重视，男女相爱后，就自然而然地住在一起，就是当地人所谓的结婚了，也因此离婚并不是什么大不了的事。当地结婚的仪式也很简单，一般在家里举行，新人也会邀请高僧给予祝福，并邀请亲朋好友出席。不丹女人的法定结婚年龄为16岁，男人则21岁，过去也有童养媳的习俗，但现在已经不多见了。

帕罗和廷布较为现代化，也更多人愿意到婚姻所注册。然而对山里人来说，结婚和同居并没差别，度假村餐厅总管来自不丹东部，已经有两个小孩，和伴侣一起生活了十多年，但在法律上，他依旧是单身。"只要两情相悦，结不结婚根本不重要。"他说。这样的话出自西方人口中一点也不奇怪，但由一个不丹人说出来，你也会为当地"前卫"的婚姻观感到诧异。

Bhutan

"不丹的种种生活习惯与习俗和我们认知的有所出入，那或许是因为不丹长期对外封闭，正如任何传统的社会，男女相悦并培育下一代是顺理成章之事，也是农耕社会的特点。现在不丹逐渐地现代化，制度也会随之改变，廷布人也接受了西方的思想，但婚姻的制度只是用来保障双方的权益和财产等，我知道在山区很多生活在一起的夫妇都不是靠一纸婚约来维系感情的。"马克说。年轻的马克来自阴雨绵绵的伦敦，在不丹进行支教，他是因为看过电视上关于不丹的旅游节目，深深被它所吸引，"或许我前世是个不丹人吧！"接受了佛教的马克说。

## 离婚太容易了!

看当地媒体报道,廷布离婚率逐渐高升。在当地法院受理的案子也以离婚案居多,离婚现象经常会被视为现代化的产物。然而和印度、尼泊尔及中国等周边国家比较,不丹的现代化进程比较缓慢,廷布看起来就像一个小城镇,没有高楼也没有交通灯,一点也不现代化,因此如果轻易地将离婚率攀高等同于是不丹越来越现代化的结果,就会忽视了不丹人独特的婚姻观。

"不丹人所谓的结婚也只是住在一起,夫妻间以道德作为约束而不是法律,一纸婚约并不能保证些什么,当爱情变质,就算有婚约也能离婚。"导游说。当地离婚案的原因不外乎是不忠、家暴,还有性格不合等等,其中一名不丹女议员甚至建议,由于离婚太容易了,也很便宜,因此建议提高离婚的费用,这样人们才不会冲动地作出决定,而会慎重考虑,并尝试修复感情。

廷布街景

## 和外国人结婚会受惩罚

过去不丹人都是经过媒妁之言和相亲才结婚,然而这会造成更多感情破裂的问题。20年前,不丹才迎来了自由恋爱的时代。为了保护传统,过去不丹甚至禁止异族通婚(不丹境内也有不少的尼泊尔人),但该法令在30年前被废除了,为了让境内的尼泊尔人更容易融入不丹社会,不丹政府甚至于20世纪80年代末鼓励异族通婚。然而,外国人和不丹人通婚的情况还是十分少见,根据当地的法律,和外国人结婚的不丹人会受到"惩罚",包括取消奖学金、甚至不能担任公务员职务等。国防部和外交部人员更严禁外籍通婚。

## 娶老婆成本水涨船高

西藏地区曾经盛行一妻多夫制，目前这在不丹也已经禁止了，然而一夫多妻却被允许，只要是条件成熟，当地男人能娶三个妻子。但不丹男人要享齐人之福时，必须征得原配夫人的同意。为了保障妇女的权益，原配夫人有权利要求离婚并获得一定的扶养费。"现在的扶养费越来越高，娶多一个老婆的话，负担也更重，现在的不丹男人更'专一'了。"导游笑着说。

和南亚诸国的女性比较，不丹女性的地位较高，如果男人不小心搞大了女人的肚子，他必须支付所有医疗费用，另外20%的薪水将用作孩子的抚养费。在一些地区，女性甚至是财产的继承人，和男丁享有一样的权利。

# Chapter11
## 改变，即是永恒

改变，
从不是一件易事，
特别是扭扭捏捏的改变，
早迈出一步和晚迈出一步都需要积攒勇气，
然而不丹要继续生存下来，
就需要接受改变。

## 改变，为什么？

"那是我们最新的交通灯。"司机索姆南一边开着车，一边提醒我们留意路边的小亭子。亭子里面无表情的交通警察机械化地指挥着路上有限的车流量。这是不丹全国第二个交通灯，类似中国20世纪80年代常见的交通岗，设在开入首都廷布的高速公路上。但不丹人一点都不喜欢交通灯，过了交通灯后就凭着直觉开车，应该让道时让道。交通灯在每个人的心中。

所谓的高速公路也只是双向的单行道，才3.5米宽。迟至1962年，不丹才有了第一条175公里的柏油路。目前全国则有约5000公里的柏油路，基本上已把主要的城镇都串联了起来，但不少更为偏远的村庄还是只有黄泥路，雨水和冬雪都会轻易把路切断，把村庄隔绝开来。

　　丹托（Dantak）是印度一个道路组织在不丹成立的道路协会，它们一直在帮助不丹修建道路。丹托公路（Dantak road）延伸至切里拉（Chelela）山口，海拔3988米，是不丹海拔最高的一段公路，山顶经旗密布，风声在耳边呼啸，仿佛送来了神的祝福。从这里可以俯瞰帕罗河谷的美景。

　　廷布的车子其实不算多，但司机已经在投诉了。"去年增加了600辆新车呢！今年很多人不开心，因为政府提高了汽车进口税。"车，对不丹人来说，也算是新鲜的"玩具"，不丹司机都是"F1赛车手"，把坐骑开成脱缰野马。这些会发出巨响的"怪兽"吓坏了不问世事的马匹，在山区，驴马依旧是主要的交通工具。一条条黝黑的柏油路取代了千年来由驴马踩踏出来的古道，山林边镶上了一道道粗糙的黑边，像少女第一次学画的黑眼线。

　　要修路，就必须砍树。当地报章有则有趣的新闻，一家人接连生病，受访的妇女申诉：政府为了修筑道路而砍了家门口的树，得罪了树神，所以才招来横祸。不丹人相信天地万物间，溪水边山林里，都有神灵庇护。这古老的智慧看似迷信，但其实也是一种无形的约束，人在面对环境时，会收敛一点，不会那么肆无忌惮。

然而不少人还是视道路为文明先进的指标，有了路，才能发展，医疗教育等的质量才能提升，贫穷才有可能被驱逐出境。不丹政府正在进行工作评估，议会提出的评估方向应该是：有什么任务尚未完成，而不是我们完成了什么。这几年不丹政府把发展重点放在建造基础设施上，包括为村庄修路等，而居民对路的渴望，正是这股造路运动的推动力。

改变，从不是一件易事，特别是扭扭捏捏的改变。"不丹得继续生存下来，我们就需要接受改变，但这并不意味着我们必须失去自己的文化和传统。"深受不丹民众欢迎的前国王吉格梅·辛格·旺楚克曾经说。在偏远较为封闭的地区，当地人的宗教意识特别强，这些山区海拔高，土地贫瘠，不太适合种植农作物，当地政府于是鼓励养猪以脱贫。但由于佛教徒不杀生，此举也遭到当地人的强烈反对，问题因此悬而未决。当地知识分子也相信改变才是小国的生存之道，但已经习惯了中世纪生活方式的老百姓，突然多了电视、网络等，也得学习面对和接受新事物。不丹虽然已经有了西式的医疗服务，但是连一些受过高等教育的不丹人每次觉得身体不舒服，也都还会咨询高僧。病因往往令人匪夷所思，比如家里有不干净的东西，得进行一场法事才能消灾解难等。

# Bhutan

## 年轻人想要接轨世界

　　由帕罗国际机场开车往首都廷布，现只需45分钟，和4年前的2小时比较，路途舒适多了，这或许也意味着当地的改变也将加快一倍。没到过不丹的人，或许难以想象这样的首都，但对生活在东部的不丹人而言，廷布是"纽约"了。廷布只有一条大约200米长的购物街，中段有个交通灯，街边两侧是售卖各式各样物品的小店，货品主要进口自印度和中国。廷布的建筑也根据当地法令，以传统样式来建造，有精美雕工的窗口及宗教题材的壁画等。车子经过新开的廷布泰姬扎西酒店，7层楼高的顶级酒店宛若旅人的宫殿，那已经是廷布的最高楼了。

　　"不丹小姐"的竞选渗入到街头巷尾。没想到低调的不丹人也热衷于选美啊！

Chapter11
改变，即是永恒

当天刚好是周末，老老少少都出来逛街，年轻人都穿上了牛仔裤和T恤衫。不丹政府虽然严格规定当地人若出席正式场合等活动都必须穿上传统服饰，但显然今天的不丹年轻人朝拜的是欲望和消费之神。"平时上学已经穿传统服装了，周末当然要放松一下。"桑珠说，"传统服装虽然让我们与众不同，但实际上是一种累赘，特别是腰带得捆绑得紧紧的，夏天穿上它更是难受，冬天也不保暖。"年轻而自信的桑珠是在读大学生，正如他的同伴，竖起的短发抹上了厚厚的发胶，他身后的影像店贴着一张韩国组合的海报，新潮的架势和廷布的氛围格格不入。"虽然我们都没什么机会出国，但因为电视和网络的传播，我们对国外的潮流也十分敏感，为了购买一些时髦商品，年轻人的渴望对父母造成不少压力。"桑珠说。

视觉艺术家柴米·多吉（Chhime Dorji）的作品，宗教题材、国王画像仍是不丹艺术家创作的重点。

137

## 旅游，不丹转变的力量

　　由街上的旅游商品店来推算，廷布应该是一个深受游客欢迎的城市，虽然不丹的旅游业发展不到40年，却已经成了不丹主要的外汇来源之一。入境人士（不包括印度人）由最初的200名增加到最近的3万名，其总理不久前曾经说过要在2012年将旅游人数增加到10万人。1974年，吉格梅·辛格·旺楚克举行加冕典礼，第一批游客获准访问不丹并出席盛典，随后这批游客顺道探访了不丹，游览了当地著名的宗（Dzong），不丹的旅游业才正式启动了。不丹旅游局随之制定了高收益低流量的旅游政策，不久前每天200美元的最低消费，已经涨至250美元（其中75美元为政府税金）。国营的不丹皇家航空（Druk Air）几乎垄断了飞往不丹的航班，票价之高也令不少人为之却步。不丹政府相信唯有抬高门槛，限制旅游人口，才能保护不丹文化和自然环境免受外界的"污染"。话虽如此，高端游客还是纷至沓来。

不丹人担心改变会破坏他们的自然环境，大刀阔斧地前行也有可能导致对外界的吸引力滑坡。

Chapter11
改变，即是永恒

顶级酒店自然不会无视到不丹来的高端游客的需求。

　　不丹境内也不断建造新酒店，顶级酒店集团频频来选址，据说四季和欧贝罗伊（Oberio）都有意在不丹开设分号，梁朝伟和刘嘉玲举行大婚的COMO集团旗下的乌玛酒店也打算在普纳卡增设一家分馆。在我们之前，李奥纳多·迪卡普里奥就去了不丹旅游。然而旅游业的发展往往和当地人的信仰有所冲突，不丹最优质和时尚的餐馆都集中在顶级酒店里，不少食材还得进口自印度。"由于笃信佛教，不丹人吃得十分简单，不丹的菜肴可说十分乏味，因为不丹禁止屠杀动物和捕鱼等，所以基本上在国内难以找到新鲜的食材，也自然难以发展出精致的菜肴。"其中一位厨师对我说。

# Bhutan

　　在帕罗和廷布就经常能看见新开的小酒店，由于这地区接近机场，算是发展得较为完善。不丹境内也越来越多地区对游客开放，与印度接壤的南部为不丹的平原地区，最近也对外国人开放了通关口岸。这一地区以国家公园著称，是观赏野生动物的好地方，为了鼓励游客前往南部，不丹旅游局甚至为境外游客豁免了每天75美元的政府税金。

　　位于东部的卜姆当是我们此行行程的亮点。卜姆当的美与其长期和外界隔离有关，由廷布到卜姆当旅行得经过一路8小时的美丽颠簸，"这一带依旧保留了很传统的生活方式，集中了不少不丹最重要的寺庙等，更能感受到原汁原味的藏传佛教文化，和廷布或帕罗比较，或许这里更像不丹。"卜姆当的酒店经理楚旺说。现在卜姆当正在建设内陆机场，明年就能投入运作，游客量也肯定会增加，卜姆当会不会成为下一个廷布或帕罗？

不丹真正意义上的城市只有首都廷布

迟至1999年,不丹才决心对外界开放,开设了帕罗国际机场,司机索姆南回忆起第一次看见飞机时说:"没想到那么巨大的东西也能飞起来。"有了飞机,他对外界的想象也更真实和靠近了,有机会的话,他也想去看看外面的世界。

"虽然改变意味着我们必须面对一些进退两难的局面,但'变才是永恒'不也是佛教的道理吗?"楚旺说。不丹踏出了第一步,就很难再回头了,下一步应该如何走得优雅?或许不丹能给我们一个完美的答案。

午后,卜姆当的家庭妇女忙碌地编织着毛毯(Yathra)。

# Chapter12
## 再见垃圾，
## 迎接幸福指数

对不少人来说，
不丹未经破坏的天然生态环境是最大的磁铁。
每一个由不丹归家的旅人，
那皑皑雪山莽莽丛林，
将永远成为回忆中最难以忘怀的布景。

Chapter12
再见垃圾，迎接幸福指数

## 大学生社团的环保行

在不丹旅行的十天里，经常有几辆白色的小巴紧随着我们，几乎我们到哪里，都能看见它的身影。小巴上挂着横幅写着："再见垃圾，迎接幸福指数！"

超车时，我和一张张单纯的笑脸擦肩而过，眼神交汇时，对方总会先奉上一枚微笑。

不丹人的微笑，对来自远方冷漠城市的旅人永远有一种杀伤力，叫人不禁思考：我们是不是早已经忘记了如何自然地微笑，对陌生人微笑，对天地万物微笑？

有一颗温柔的心的人，才懂得如此微笑吧。如果我们也懂得对山林微笑，或许我们向大自然索取所需时，会更谦卑和小心翼翼。记得在帕罗徒步时，看见一对爷孙，爷爷捡着地上的枯枝当烧柴用，孙子在一边跟着爷爷，他以后也会像爷爷一样，只取所需，不随便砍树。这才是生活的教育。

# Bhutan

虽然不丹早已经推行"禁塑令",但其实不丹的城镇并没有想象中的干净,在一些较为偏远的地方,特别是一些小村庄,总能看见被丢弃的食品包装袋,十分碍眼,像绿地里长出的"恶之花"。当地人还没有学会面对垃圾的方式,当大量的商品开始涌入不丹,也意味着不丹得开始学会处理垃圾的方式。

我们遇见的白色小车,就运载着30名大学生,来自不丹东部。他们的行程和我们相似,沿着东西高速公路旅行,一边探访沿途著名的宗,一边收集垃圾,行程10天,完全由政府赞助,是一举两得的公民教育。

在帕罗,我终于找到机会和他们攀谈。

"这样的旅行,更能让我们亲眼见识到我们的国家是多么的美丽,而同时维护好她的环境是每个人的责任。"其中一名大学生对我说。正如我们沿途所遇见的年轻人一样,他也渴望到外面的世界看看,不过最终还是想回到家乡。不丹人日夜和大自然相处,乡土情怀自然十分浓厚。

每捡起一样垃圾,其实就是捡起一份对家国的关爱。"不丹虽然人口不多,但是如果每个人都丢一个塑料袋,那么我们就成了全世界最高的垃圾场了。"

　　环保、可持续发展是目前世界各地政府对选民提出的堂皇口号，然而环保的首要敌人就是所谓的现代化发展，不丹想要加速现代化进程，也自然得承受其恶果。一切能完好无损吗？

　　"要完全地保持原生态是不可能的，但我们可不想像一些国家一样只盲目追求短视的发展，一切的改变都是得经过深思熟虑的。"司机索姆南说。不丹人的环保观念绝对不是现代社会口号般的时髦概念，而是深深根植于其宗教信仰中，世世代代沿袭至今，因此更容易获得当地人的认可。环保其实很早就已经成了当地人的生活方式。"我们相信世间万物都是并存，甚至相互依存的，在时间的长河和无尽的转世中，任何的生命，无论是蚂蚁还是牦牛，在上一世或下一世都可能是我们的兄弟姐妹。了解了这一点，就会对所有的生命抱着爱怜之心。"索姆南说。

Bhutan

## 塔金和乌鸦的幸福生活

不丹位于喜马拉雅东段南坡,面积约为46500平方公里,占地面积和瑞士差不多,却比中国的宁夏回族自治区还小。东西长约300公里,南北宽约150公里,地势北高南低,国内高山激流纵横,一半领土在海拔3000米以上。对于娇生惯养的人类来说,这地方绝对不是适居之地,过去千百年来,不丹险峻的高山让外人难以接近,或许这是上天刻意的安排,为天地万物预留的一个天堂。世世代代的不丹人也受惠于这块土地,300多种动植物用来制造超过200种的不丹药材;将近9成的人口生活在农村,而满目的山林,为不丹人提供建造房子的原材料及烧饭取暖的木柴等。

野外的花长得很"疯",花朵的颜色浓艳得化不开,你会觉得那些温室里培育出来柔弱的花仅仅是摆设,失去了花的灵魂。

Chapter12
再见垃圾，迎接幸福指数

**不丹也是动物的乐土，没有人会去虐杀无主的动物，包括蚊子。**

到不丹旅行，除了能感受到当地独特的文化氛围之外，对不少人来说，其未经破坏的天然生态环境是最大的磁铁。每一个由不丹归家的旅人，那皑皑雪山莽莽丛林将永远成为回忆中最难以忘怀的布景。由于不丹国策中特别重视环保，境内的植物超过5000种（其中就有将近300种的兰花），将近200种的哺乳动物和超过600种的鸟类把这里当成永远的家。在不丹，有缘分的话，你还能遇见黑颈鹤、雪豹、孟加拉虎、白腹苍鹭、长尾金丝猴、印度象等许多世界濒危绝种动物，因此不丹经常被生态学家誉为全球自然资源密度最高的国家之一，也是全球十大生态多样性的热点地区。

不丹的动植物种类丰富，其中最叫人难忘的莫过于不丹的国兽塔金（Takin），这是一种生活在喜马拉雅山麓东边的羚牛。塔金样子逗趣而独特，一脸的憨态，像是羊和牛的混合体。塔金被选为不丹的国兽，不单只是因其独特的造型，其"由来"也和不丹人崇拜的"藏传佛教济公活佛"竹巴衮列（Drukpa Kunley）有关。竹巴衮列是一个浪游者，经常以惊世骇俗的方式来宣扬佛法。相传他于15世纪旅行到不丹，当地信徒希望能见证他的法力，然而他却要求民众先以牛羊喂饱他，才愿意施展法力。

在饱食一顿后，竹巴衮列将羊头插入牛的骸骨上，并念了咒语，塔金就诞生了。长有一身金毛的塔金生活在海拔2000～4000米的高原，逐水草而居，每逢夏季，塔金就会迁徙到水草丰美的高原，天转凉后才回到温带地区。在廷布还设立了一个塔金保护园区，让游客能近距离地观赏到这独特的动物。在不丹，动植物不只是生态的一部分，还经常被赋予文化和宗教寓意，或许因此不丹人在对待天地万物时总怀抱着崇敬之情。

乌鸦是不丹的国鸟，相传于17世纪，当时中国西藏的地方政权攻打不丹，不丹统治者夏尊·雅旺·南嘉的保护神化身为乌鸦，身后百鸟相随，这诡异的情景吓跑了藏兵，从此乌鸦成了不丹的神鸟。国王加冕的王冠上就是一只乌鸦。

**不丹的狗不会令人不安，看到眼前侧卧入睡与世无争的狗狗，你不免起了疑心：它们真的是狗吗？**

## 对毁山灭林说"不"

对生活在"发展最大一切得让路"的地区的旅人来说，来到不丹，那些山林让他们仿佛回到远古天地初开的场景，一切未曾改变。魁梧的杉树，应该有几百年了。我就常常看见一些色彩斑斓的雀鸟乐在其中，叫不出它们的名字，但却能轻易地感受到它们的快乐。在这里，人们每砍一棵树前，都会先想那样会不会影响到这些鸟儿的家。"如果你不想别人这样对你，那你也不要这样去对别人。"索姆南说。这让我想起孔子的"己所不欲，勿施于人"，只是这个别人不只是人，还是天地万物。不丹人相信这些山林就是神灵的住所，破坏它们只是自取灭亡。

可爱的树苗，一定是可爱的人栽下的。

Bhutan

　　目前不丹的森林覆盖率为72.5%，其中1/4为保护区，现已建成了6个国家公园和9个生态保护区，其中面积1000多平方公里的皇家玛纳斯国家公园最引人注目。政府也承诺，将来无论如何发展，不丹的森林覆盖率至少要保持在60%以上。不丹人要砍树，必须先向政府申请，甚至得补偿——参与植树。不丹政府规定每年6月2日为全国植树日，要求所有公民都参加植树，并规定国人每年种10棵树。在卜姆当一所小学校里，操场边上就有一排新树苗，上面写着植树人的名字，都是当地的孩子，不丹人自小就被教育要爱护森林。

　　其实不丹境内的珍贵木材很多，包括婆罗双树、橡树、冷杉、云杉、桦树。一直以来，印度的发展都比不丹快，特别是这几年对木材的需求很高，

也有不少木商多次提出要购买不丹的木材。这原本是赚取外汇最快的方法之一，但是不丹政府多次对木商说"不"。有时候为了满足当地人对木材的需求，还得由外国进口，就算是经常喝茶的不丹人，也不愿意在自己的土地上栽种茶叶，担心茶园会降低森林的覆盖率。

不丹的第四任国王吉格梅·辛格·旺楚克相信，唯有保护好山林和原始的环境，才能为子孙后代造福。"这些山林不是我们的，而是祖先留给我们的，我们得留给后代。这些森林是上天赐予的，不能随便砍伐，因为关系到我们后代的生存，不丹的发展是要有可持续性的。"不丹的国王官员们多次强调这点。所以为表彰不丹国王和人民在环保领域的杰出表现，2005年4月，联合国将首届"地球卫士奖"授予了吉格梅·辛格·旺楚克和不丹人民。

# Chapter 13
## 你幸福吗?

来了不丹,
也自然而然会思考自己到底幸不幸福,
逢人也问:
"你幸福吗?你如何定义幸福?"
得到的答案几乎是一面倒的:
"我很快乐,我很知足。"

## 幸福指数大于国内生产总值

我和朋友们说要到不丹旅行,他们的第一反应就是你要到那个全世界最幸福的国家去啊!语气中充满了羡慕,似乎去了不丹之后,谁都会找到人生的答案,从此幸福快乐下去。

多数人对不丹了解甚少,但对其人民的幸福感却早有所闻,似乎幸福和快乐已经成了这个喜马拉雅小国的专属形容词。

长期与世隔绝的不丹,形成了特立独行的生活方式。不丹的故事,最为人传颂的无疑就是所谓的幸福指数(Gross National Happiness,简称GNH)。在全球追求国内生产总值,为提高人均所得奋不顾身的当儿,不丹第四任国王吉格梅·辛格·旺楚克却反其道而行之,早于20世纪70年代初,明确而坚定地提倡幸福指数,认为人民的快乐和幸福是衡量一个国家发展的重要标准。他曾经自信地对全世界的记者说:"幸福指数比国内生产总值重要。"

哈阿河谷(Haa Valley)有"隐秘"之意,是距帕罗最近的高海拔河谷,到不丹短期旅行的人,宁愿不去首都廷布,也要把时间留给哈阿河谷。亲自走一趟,就能感知它的隐世之美。

# Bhutan

　　根据CIA 各国概况（CIA The World Fact Book）的数据显示，2009年不丹的人均所得为1881美元，全球列为第122名，虽然和几年前比较，不丹的经济已经快速增长，但依旧是全球最贫穷的国家之一。GDP（国内生产总值）落后，但其幸福指数却傲视全球，英国莱斯特大学的学者艾德里安·怀特（Adrian White）曾经针对全球人口展开抽样调查（8万人），于2006年发表了《世界幸福地图》。不丹的快乐指数全球排名第8，也是排名最高的亚洲国家，而在此项调查中，中国排名第82名。独创幸福指数的小小国度，也以全世界最幸福的国家之一博取了不少国外媒体的版面，独特的不丹经验引起了不少发达国家政府的兴趣。

　　哈阿宗（Haa Dzong）街头雕花木窗的普通商店。哈阿宗是不丹的20个宗之一，曾为不丹同中国西藏地区之间的贸易中心，现在是不丹的军事中心之一。

## 快乐即时生效

为了了解人民的幸福感和生活满意程度,每两年不丹政府都会通过问卷来抽样调查人民的幸福感,问卷上共有290个问题,内容除了经济、健康等课题之外,也对人民的精神、宗教生活一一进行调查。例如你是否有每天打坐的习惯等等,一些问题更是令人匪夷所思,比如你是否在家门口种树,你一周生气和妒忌几次等。2008年的调查显示,不丹人普遍上都觉得自己很快乐和知足。然而像快乐这样抽象并与各地标准不一的情绪究竟要如何计算和调查?幸福指数会不会沦为只是政府忽悠人民的政治宣传?

于是去不丹之前,我就想解决一个疑问:这个地势险恶,平均海拔为3000米,90%土地为山地的国家,它的土地不算肥沃,人民所得偏低,有什么资格觉得快乐?

快乐要及时享受,旺地宗德高望重的喇嘛只用简短的几句话就让人悟出快乐的真谛。

Bhutan

　　来了不丹，也自然而然会思考自己到底幸不幸福，逢人也问："你幸福吗？你如何定义幸福？"得到的答案几乎是一面倒的："我很快乐，我很知足。"

　　记得在旺地参观庙宇时，导游为我们引见了当地一名德高望重的喇嘛。我抓住机会问喇嘛关于幸福和快乐这些重大但渐渐让我们忽视的问题。喇嘛平和而脸带微笑地说："人的此生其实是如此的短暂，短短的几十年在无尽的轮回转世中根本就微不足道，那么快乐和悲伤都是短暂的，一切皆无常，感受到快乐的时候，就尽情地享受它，然后将它放下忘记，悲伤亦然。"

　　或许所谓的快乐和幸福，根本就不堪多重思考，当你在思考自己究竟快不快乐时，那么你的快乐也有限吧！

Chapter13
你幸福吗?

辰德基佛塔下的露天午餐,不远处有一家人沐浴在温暖的阳光下席地而坐。

## 谁偷走了不丹人的笑容?

  不丹的快乐或许只是我们外人一厢情愿的想象,在我们短暂的旅行和肤浅的观察中,会轻易而任意地将不丹塑造成最后的香格里拉,然而也只有不丹人心里知道它的真面目。"你来这里才十几天,看见的自然只是美好的事物,而且你永远不用住在这里,就像我们一样,迟早会离开不丹,自然也只愿意看见和相信美好的一面。如果不是来到不丹,我也不会相信这个世界还有那么容易满足的人群。"在不丹教书的马克说。马克是27岁的英国人,通过国际非牟利组织的安排来到不丹教授英文,他爱上了这个小小国家和它的子民。的确,作为一个行色匆匆的旅人和外人,我们难免会带着自己的价值观念来衡量他人的幸福。

# Bhutan

不丹并非天堂，你翻开当地报章就能瞥见端倪，也会发现不丹正如很多国家一样面对着各种各样的问题。这几年现代化的发展，不少社会问题也已经浮上台面，通货膨胀，失业率高，在小镇上经常可见到无业青年，在他们脸上，我没看见幸福的痕迹，那茫然的表情没有对明天和未来的渴望。报章还报道当地的监狱已经人满为患了。

然而一离开城镇，在山区中闲逛，经常可以遇见一脸知足的农民，他们对生活要求不高，种菜养牛，生活能自给自足也只取所需，脸上那种发自内心的笑容，早已经在我们身上绝迹。笃信佛教的不丹，自然清楚欲望之兽会噬食幸福，只有消灭了欲望，我们才能腾出空间以容纳幸福。

从旺地到童飒的路上，我们停留在建于17世纪的辰德基佛塔（Chendebji Chorten）旁，这座尼泊尔式佛塔上环绕着八方眼。

## 不丹的幸福哲学

在强调个人追求的教育中成长，对我而言，幸福感源于自由，而自由来自选择，没得选择的人生，自然不可能会幸福。保守的不丹和外界的接触少，对生活的要求也自然低，连电视、电话和互联网都算是新鲜事物，不丹式的幸福或许是由闭塞所造成的。对于我们的追求，大部分年收入才几百美元的不丹人不敢想象，也想象不起。而一些接触到大量游客的不丹人也开始变得心理不平衡，在不丹就经常会有当地人直接地问你"一个月的收入多少"、"相机和手机多少钱"，等等。

沧桑爬满了老僧人的脸，从他的目光中却看不到一丝贪欲。

# Bhutan

由更宏观的角度来看待不丹的幸福，他们的快乐或许就源于选择，清楚自己要什么和不要什么。他们要精神上的富足而不要只满足于物欲的享乐，他们更不要为了追求经济发展而导致社会、自然环境出现失衡的现象。正如他们对待自己的土地，不丹人热爱自己生长的土地，绝对不随便砍伐森林，据说甚至连建造发电厂也为此遁入地下。位于首都廷布以南的丘卡镇就有一个深达100米的隧道，发电厂就深埋在地底，建造这发电厂费时费力，整个工程长达12年，但是政府宁可减少电力所带来的经济效益，也要维护不丹的森林和地貌。为了保留完好的生态环境，不丹也不愿意开采山里的珍贵矿石。《超越天与地》的作者洁米·惹巴（Jamie Zeppa）曾说："不丹经验提醒我们，快乐不是随机降临在人们身上的，它来自选择的结果。"

发自内心的笑，是可以传染人的。

## 幸福感的国民启示

在短短的行程中，我还是无法确定不丹人到底幸不幸福。我带着同样的疑问离开了不丹，不丹并没有给我一个完美的答案，它却抛回给我更多的问题。人吃饱了之后，才能大谈文化、环保等更超然的课题，似乎已是约定俗成甚至牢不可破的社会发展教条。对财富的追求天经地义，然而人究竟要吃多少才会饱呢？钱不是万能，但没钱就万万不能，有钱不代表快乐，我们需要思考的是我们现在是吃饱了，还是吃撑了呢？

我依旧怀疑究竟他们的幸福是否经得起和世界各地价值观的比较？但我清楚这个国家确实带给我无限的愉悦和快乐。看见那些保留得完好的森林，挺拔的松柏，云雾氤氲的山峦间是一栋栋传统不丹木屋，蓄满了风的旗幡飘扬，上天刻意为我们保留了一块人间净土，也提醒我们快乐和幸福其实是一种选择。

Bhutan

姑且勿论不丹计算发展程度的方式在经济落后地区推行是否站得住脚，不丹反其道而行之的做法，对我们来说，其实是一种重要的启示。也有不少人呼吁：不要让我们更富裕，而是让我们更快乐。近来法国总统和英国首相都先后提出以"幸福指数"来测量人民的心理状态及对生活环境的满意程度，而不是一味地以经济数字来衡量一个社会的文明程度，因为经济发达和人生的幸福及快乐并不是因果关系。有这样的想法证明人类还是有反省能力的。

### 幸福指数问卷

如果想测试自己是否幸福，或许可以尝试回答以下问题：

1. 请列出6～7件让你感觉到幸福的物件。
2. 你过去一个月是否因为担心某件事而睡眠不足？
3. 你是否对自己失去信心？
4. 你是否觉得自己是一个无用的人？
5. 如果你喝酒，你是几岁开始喝酒的？
6. 你是否曾想过自杀？
7. 请将你昨天做的事情，由几点开始至几点结束一一列举出来。
8. 你知道曾祖父的名字吗？
9. 你知道住家周围生长的植物的名称吗？
10. 你知道要用母乳喂养小孩到多大？
11. 你信任你的邻居吗？
……

Chapter13
你幸福吗?

# 最地道的不丹生活

## Chapter 14
## 不丹国服，英气之美

梁朝伟和刘嘉玲身穿不丹传统服饰拍摄的婚纱照，
让所有的观众充满惊喜。
对初抵不丹的游客来说，
看到满街走动的穿着"迷你裙"的不丹人，
就好像置身于拍摄古装片的片场。

Chapter14
不丹国服，英气之美

## 男性国民的"帼"模式

为了协助我换上不丹的传统服饰，酒店还特意派来两个服务员。我先穿上白色的内衬衣，再套上长到能拖地的帼（Gho）。

对初抵不丹的游客来说，对不丹最深刻的印象，不外是满街穿着传统服饰的不丹人，似乎每天都在拍古装片。不丹的传统服装，正如西装一样，穿在身上，顿时就觉得英气十足。

穿上一身帼，不丹人笑着对我说："真好看，就像是不丹人。"

165

# Bhutan

不丹男性的传统服装称为"帼",设计类似藏袍,只是穿法不同。服务员将长袍提至膝盖,并用一条布带(Kera)紧紧捆绑,并在背后形成一个对称的褶子(所以不丹男子的背影都很好看)。而后将领子竖起,露出些许白边,翻折内衬衣(lhagey)的水袖,露出一大截的白边,穿上长及膝盖的黑袜子才算大功告成。

腰间随即形成了一个巨大的口袋,过去不丹人会把匕首、杯子放入口袋随身携带,在遥远的年代,你遇见的陌生人不是朋友就是敌人,杯子用来豪饮,匕首则为防身所备。现在的不丹人口袋里则装着钱包、手机等。当地人经常打趣地说,不丹唯一的吉尼斯纪录就是这全世界最大的口袋。

## 价值不菲的帼和旗拉

穿上传统服装游览不丹,正如会说一两句不丹语,马上能获得不丹人的另眼相看,对你分外热情,这些服装是最好的外交使节。在寺庙里,就经常有僧侣和当地人帮我系好松垮了的披巾。他们总是礼貌地说:"真好看,就像是不丹人。"不丹人都长得十分英俊,我就当成是赞美照单全收。

因此每次外出,我都"央求"酒店人员借一套帼。虽然服务员总是再三地询问:"真的吗?夏天穿上帼很热噢。"为此,服务员还特地跑回家,找来一套他最珍贵的帼——采用金丝缝制,只有在节庆时才会派上用场。在过去,这些手工缝制的布料,甚至是政府和寺庙的税收。梁朝伟在不丹举行婚礼时就穿上了一套以金丝打造的帼,据说价格不菲。

街上不丹女人身着旗拉的身影,着实让人迷恋,就好像在台下看一场时装秀。

一整套的传统服装其实还包括一双长及膝盖的布靴子，然而现在为了方便，大部分不丹人平时都穿上运动鞋或皮鞋，并配上长袜子。冬天时长袜子不保暖，下半身就穿上牛仔裤，整个感觉很不协调，但是看着也觉得很有趣。

当地女性的服装则称为"旗拉"（Kira），由一条长至脚踝的长方形编织物将身体包裹起来，并在肩膀处用胸针（Koma）扣好，于腰间绑上布带。和男士一样，女性的传统服装也有一件内衬衣，正式场合也会外加一件长袖的小夹克，形象十分端庄。男士的帼较为单调，布样多数为格子和条纹花样，内衬衣也一律为白色；女性的旗拉则色彩缤纷，衬衣也能根据旗拉和夹克的颜色来搭配，变化较多。在廷布的小店里就能找到传统的旗拉和帼，价格便宜的一般为20美金左右。上好的不丹服饰采用丝绸并加上针织全手工打造，价格不便宜，甚至能当成博物馆级别的艺术品来收藏。

全套手工打造的精致旗拉可上升为艺术品，价值不菲！

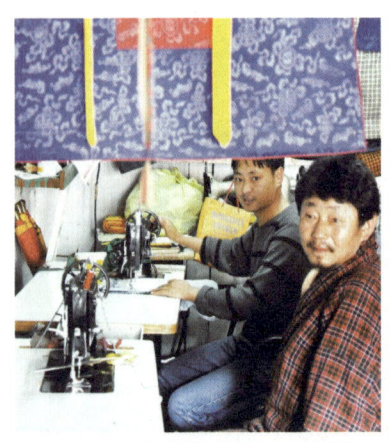

## Half装束

虽然政府依旧有明文规定，不丹人凡是出席正式场合，包括上学、参观庙宇、参与射箭运动等都必须换上传统服装，然而和5年前初访不丹的印象比较，传统服装早已经不是不丹人的唯一选择。特别是年轻人，总是一身惬意的T恤牛仔裤，对他们来说，西服象征着现代化和时髦。虽然他们大部分都没出过国，但随着电视和网络的普及，已经大大开阔了眼界，也同时改变了他们的审美观，这是幸还是不幸？

然而不丹还没准备好完全丢弃其传统，当地人甚至发明了一种新穿法，女性的旗拉简化为只有裹布，上衣则是西式的小夹克和T恤，不必使用扣针等。这种穿法甚至成为当地的潮流。这种装扮称之为Half Kira（半身旗拉）或Half Gho（半身帼），这较为简便的装束，无疑更符合现代生活的需求。"现在人办事都讲究效率，穿上这样的正装要花上不少时间，而且行动也很不方便，夏天更是令人难受。"由于天气闷热，我们的司机也经常以Half Gho出现，基本上是将上半身的帼脱下，穿上T恤衫。热爱箭术的司机说，在射箭场上，也经常能看见穿上Half Gho的选手，皆因一身正装很影响人们进行运动。一些人甚至把帼绑在腰际，传统服装也只有装饰用途。

## 披肩与身份的完美结合

　　服装其实是身体的政治，穿什么服装，其实也表明了你的身份。不丹人正式的传统服饰还包括一条由左肩横跨至右臀的长约3米的丝质披肩（Kabney），男性平民的披肩为白色，在宗里经常也可以看见一身正装并披上黑色披肩的男人，他们是当地官员，穿上绿色披肩的就是法官，而黄色披肩也只有国王可以披上。当地妇女则在左肩披上一条名为拉楚（Rachu）的布绣，色彩往往也和身上的旗拉匹配。

Chapter 4
不丹国服，英气之美

  不丹在20世纪80年代推行国服的概念，其实也引起了不少南部尼泊尔族人的反感，甚至反抗。"不丹不是一个民族单一的国家，在南部我们有尼泊尔族人，我们信奉的是印度教，无论是饮食还是生活习惯和中部的不丹人都不一样，但是我们也得跟随主流换上，这叫我们很不习惯。"其中一个尼泊尔族人对我说。

  唯有换上传统服装，你才能更贴近不丹，也能了解为什么现代不丹人那么急着脱下这一身的累赘，皆因换上这套"戏服"，人只能站得直挺挺的，无法健步如飞。"连正常进食都有困难呢。"导游打趣地说。他一天最开心的时刻就是卸下帼的"捆绑"。传统能让人自豪，但同时也能让人窒息，在瞬息万变的时代，要坚守传统需要更执著的勇气，而守卫传统会不会不符合现代化的需求呢？

# Chapter15
## 散落绿野的豪华农舍

绿野之上,
芳草溪边,
零星散落着带有精美窗花的结实农舍,
农舍边上是一亩亩的苹果园……
帕罗山谷较为富饶,
因此帕罗的传统农舍是全不丹最漂亮的。

## 到索姆南家作客

　　索姆南的家就位于帕罗一座著名的寺庙边上，清晨醒来应该能听见诵经声，闻到焚烧松木的香气，每天开门见山。他的父母还住在祖屋里，是一栋更为典型的不丹木结构老房子，完全手工打造，地基由巨石垒成，围以1米厚的土墙。传统的不丹建筑，完全不用一个钉子，梁柱都采用榫接结构，房子也不会有设计蓝图，蓝图在工匠的心中。

　　那是索姆南长大的地方，房子已经有将近百岁，却依旧老当益壮。

　　结婚后，他就在隔壁盖了小平房，房前有打理妥当的花园，姹紫嫣红，蝶影翻飞。庭院种了帕罗著名的小苹果，苹果成熟时，一些留着自家享用，剩余的则拿到市场上去卖帮补家用。在公路边上经常也可见到乡民摆卖自家的农作物，在帕罗这样算是较为现代化的城镇，不少当地人还是过着农村社会里自给自足的生活。

> 索姆南家里和其他人家一样供着佛龛，进口的弓箭和电视机则是寻常不丹人的生活调剂品。

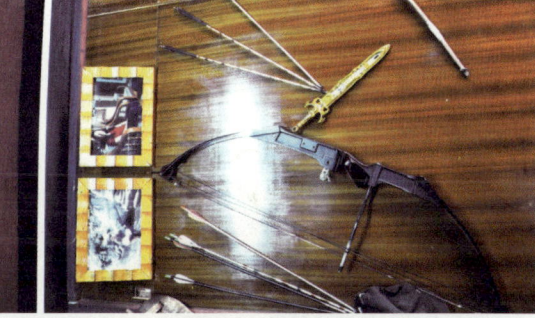

Bhutan

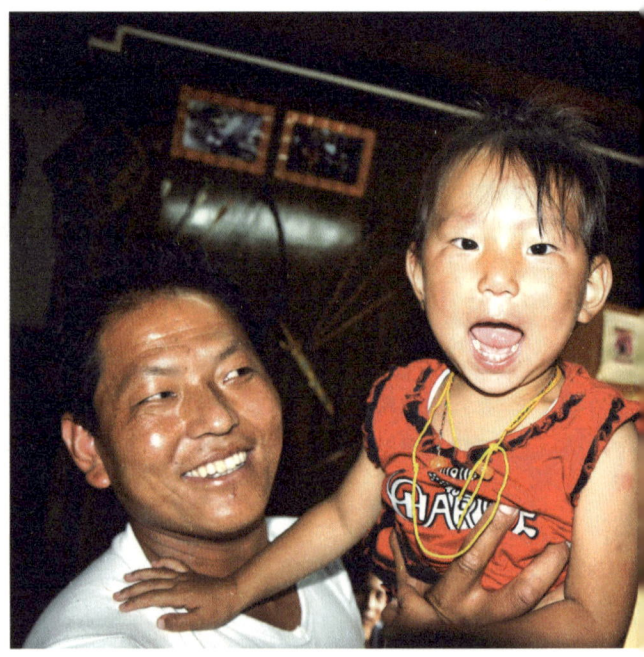

索姆南算是见过世面的人，他出过国，看过外面的花花世界，但对他来说，家永远最好。不丹人都很爱国，不少学习成绩突出的不丹人都曾经有海外留学的背景，但最终他们还是会回到不丹，为国家效力。

走入小小的会客室，最显眼的是一台小电视，正播放着印度的肥皂剧，电视里华丽的布景和妖娆的音乐，往往就是不丹人想象的花花世界。

传统的不丹房子内家具甚少，家人都是席地而坐，现在房子里多了西式的家具，加上电视机。坐在沙发上，我能想象他们就像我们一样，热爱吃电视餐，通过这个小小的魔术箱去了解这个世界的纷扰。

## 瑞士别墅般的不丹农舍

对初抵不丹的人来说,不丹的房子肯定会让他们印象深刻。因地势和气候的缘故,南部平原地区的房子主要建材为茅草和竹子,颇具南亚风格;高原地区则多采用石头、泥土和木材。最具不丹民族特色的农舍大多位于中部山谷地区,不少人认为其造型和瑞士的乡村别墅相似。农舍按照传统不丹风格建造,土木结构并设有不少雕工精美的木窗。

生活于如此恶劣的环境,不丹人更加强调互助精神,在寺庙的壁画上也经常能看见"四个朋友"的壁画——大象、猴子、兔子和孔雀通过叠罗汉才能采到树上的果实。建造一栋农舍往往也得动用整村人的劳力。不丹未必富裕,但在街上也不会看见无家可归的流浪汉;不丹人未必热衷于买房子投资等,但在最偏远的地区,也鲜有看见破陋房屋,收入不高的不丹人在建造房子时一点也不怠慢,导游说,不丹人在兴建房子时还能向政府申请土地和木材等。

**普纳卡的农舍拥有道地、浓郁的不丹建筑气质,不丹的魅力也在于传统!**

# Bhutan

不少不丹人都拥有两个农舍，这可是叫我们这些房奴们羡慕。其中一个位于较高的海拔，适合夏天居住，到了冬天，他们就迁往海拔较低的农舍生活。

典型的不丹农舍分为两层，功能和西藏地区的房子类似，底层是较为通风的空间，一般用来储物和蓄养农畜；二层则是生活空间。顶层通常是一个通风的阁楼，用来储放农作物等，其中最常见的就是辣椒干。

来到不丹，自然不能错过到当地人家里参观。我们在卜姆当旅行时就受邀到当地人家里作客，女主人是个和善的中年妇女，把家里打理得井井有条，十分干净。我们在二层的客厅席地而坐，主人随即送上用冬虫草浸泡的米酒和小点心。这客厅也是一家人的食堂，和朝南的厨房连为一体。过去不丹人采用木柴烧饭取暖，导致不少不丹人长期吸入大量的二氧化碳而引发气管炎等疾病，现在稍微富裕的人家都采用瓦斯炉。以人口比例来计算，不丹是全球柴薪消耗最高的国家，为了环保和健康，政府正在鼓励更多人使用瓦斯。我环顾四周，发现不少房间和客厅都挂了王族的照片，第四任国王和现任国王最受欢迎。

**在卜姆当女主人的家里，可以感受不丹人平淡、质朴、悠闲的慢生活氛围。**

岗提的农舍散落在绿意盎然的山坡上，像瑞士一样恬淡清新的画面让人深深陶醉。

无论家里多逼仄，虔诚的不丹人也会在家里设一个Choesum，那是不丹人的神坛，也是最神圣的房间。虔诚的不丹人早晚都要做祷告。神坛前每天供奉7杯清洁的水。不丹人以清水供奉佛祖，因此最贫穷的农民也负担得起。入夜前则将水倒掉，那是对神和众生的供养。神台上挂着国王及声望颇高的喇嘛或活佛等的照片。

在不丹，你不会有机会看到现代风格的建筑。不丹的邻居都是强势的文化古国，而为了维护传统，建立民族自信心，不被强势文化所吞噬，不丹国王推行了一系列的文化保护政策。根据当地法令，不丹人建造房子都得依据传统的设计风格。在大城市一般楼房不能高过3层，目前首都廷布最高的楼房是2008年开张的泰姬扎西酒店，7层楼高，每间房间都可欣赏到喜马拉雅山景色，还罕见地设了电梯，那已经是不丹的摩天楼。城镇的房子大多为正方形的水泥砖石结构，和传统农舍略有不同，但窗口和壁画的设计都采用典型传统的不丹元素，所以整体风格还是十分统一的。

# Bhutan

## 遍地开花的宗建筑

来到不丹，你不可避免地会参观各式各样的宗（Dzong），甚至会因此患上审美疲劳。在不丹旅行了一个星期后，我们甚至礼貌地问导游能不能不要再看宗了。目前不丹共有20个宗，分散于全国20个行政区域。普纳卡宗、帕罗宗、童讽宗等都是深受游客欢迎的旅游景点。

宗是一座城镇里最重要的建筑，是不丹人的精神堡垒，也是政府的所在地。不丹的宗还保留着藏传佛教政教合一的传统，不少德高望重的僧人也享有地位和权力，各式节庆也在宗里举行。宗是男人的领域，女性不能在宗里过夜。

> 童讽宗给旺楚克家族带来了好运，这巍峨的宗堡是不丹最吸引人的建筑范例之一。

Chapter15
散落绿野的豪华农舍

　　宗建筑往往宏伟雄浑，采用砖木结构，细节也异常丰富，并依据最严格的不丹传统建筑风格来建造。不丹的宗类似欧洲的城堡，在过去纷纷扰扰的时代，它也是当地居民的庇护所，守住了宗就等于守住了土地。因此宗不是坐落于半山腰就是临河，占据险要的地理位置，进入一个城镇，旅人的第一目光也自然落在宗身上。

　　宗的外墙厚实而牢固，高耸而往内倾斜，营造了其不可侵犯的威严。设于河岸边上的宗，河流自然成了天然的护城河，一座设计精美并绘上精致图案的木桥是通往宗的唯一步道。不少木桥经过多次的重造和维修，皆因发大水时总会冲掉这些木结构的桥梁。

**　　普纳卡宗是不丹最幸福最迷人的地方，王室在这里上演了许多浪漫的童话故事，到不丹来感受幸福，一定不要错过普纳卡宗！**

为了加强防御的功能，宗只有一个大门，从入口到内部庭院通常得经过一个对角的玄关，这能延长敌军杀入内庭的时间。另外由于宗一般建造于山脊上，因此也设有一个地底通道，通往最近的水源，以防不时之需。

宗也设有高耸的瞭望台，过去用来勘察敌人和储藏弹药之地。瞭望台可能是宗建筑的组成部分，也可能是分离式，设在宗的不远处，目前不少瞭望台已经改造成博物馆，收藏着该地区的历史文物等。

谁也不会忘记第一眼看见普纳卡宗的情景，那庞大而凌厉的强势，和这个温顺的国家似乎不怎么匹配。然而不丹国小人口少，或许更需要这些能表现民族传统的图腾来加强自己的民族信心和认同感。

每年3月，帕罗宗会举行帕罗节，一幅巨大的莲花生大师唐卡会被悬挂起来，在不丹人心中，这是一个无比神圣的时刻。

Chapter15
散落绿野的豪华农舍

# Chapter16
## 箭术，
## 全民疯狂的国术

射箭是不丹的国术，
也是不丹男人最喜欢进行的休闲活动，
射箭的天赋流淌在每一个不丹人的血液中，
甚至有人说不会射箭的就不是不丹人。

## 神箭手是这样炼成的

司机索姆南一下班,第一件事就是回家取弓箭去参加射箭比赛。我到过索姆南的家,他把弓箭都挂在客厅的墙壁上,宛若神灵一样供奉着。一把弓箭进口自美国,要将近2000美金呢。问索姆南为什么不再使用那些传统的竹制弓箭,才几美金一套,他反问:"现在哪还会有人用那些老玩意?而且要掌握传统的弓箭可不容易。"

和索姆南聊起射箭,他双眼发亮。我对这单调而危险的运动一点也不感兴趣,但几乎所有不丹男人都好此道。在不丹,射箭不止是国术,也是不丹人最喜欢进行的休闲活动,有人甚至说不会射箭的就不是不丹人。每一个不丹村庄或宗边上都会有个射箭场。

射箭,不丹语称为datse,其传统源自于过去扰乱的历史。多次受到外敌侵略的不丹,只好拿起弓箭自我防卫。现在射箭则成了举国上下男人消磨时光的活动。

> 射箭是不丹的第一运动,上至国王大臣下至平民百姓,个个都是神箭手。

# Bhutan

过去不丹人使用的弓箭十分原始，弓箭都以竹子制成，箭尾则是羽毛，价格也十分便宜。现在不丹人则大多采用进口自美国的复合弓，大大减少了比赛的难度，也让箭术变成一种上流社会热衷的活动。不丹男人都以拥有一把复合弓为荣，这些美国弓箭一套可要2000美元左右，除了作为比赛用途之外，更是一种身份阶层的象征。另一种传统运动——掷飞镖，门槛较低，也深受当地人的喜爱，玩法和规则与射箭相同。

我随着索姆南到射靶场观赛，可谓大开眼界，对手就喜欢站在箭靶的旁边。"站得离箭靶那么近，不会被没长眼睛的箭射中吗？""绝对不会。"索姆南很肯定地回答。但是我们后来打听到的确是有人在参加射箭比赛时被射中而受重伤。不丹箭术的玩法简直就是玩命。箭靶是一块长约20厘米、宽约15厘米的木头，十分之小，要射中还是颇靠技术的。

在一些地方还有人使用飞镖进行比赛，当有人投中靶心，其余的人就会跳舞欢呼庆祝。

## 千奇百怪，神力助赛

在不丹经常会遇见一些不可思议的事情，箭术比赛就是其中之一。我们觉得怪异那是因为我们已有了一套先入为主的看法，觉得事情就应该根据我们的想象和理解而发生，然而长期与世隔绝的不丹，不断在提醒我们原来还有另外一种活法，正如射箭比赛的形式自然也有他们自己的一套规则。

比赛往往分成两队，轮流向200米开外的箭靶发射（奥运距离才70米），射中后，成员还会唱歌跳舞庆祝一番；落空的话，对手就会发出类似"你还是回家吧，不要出来丢人现眼"的嘲弄。据说不丹人百无禁忌，喜欢开黄色笑话，在赛场上的嘲弄也经常大开黄腔，不丹箭术果然是属于男人的游戏。

射箭比赛是一件神圣的事情，赛前还要请来喇嘛占卜打卦，然后箭手们还要集体向神佛祈祷。比赛期间生活作息更是乱不得。

玩弓箭的男人们都求胜心切。在不丹，箭术也抹上了神秘的色彩，过去参加比赛的队伍甚至会聘请巫师进行法事，给对手施下魔咒；一些怕输的参赛者，还会偷偷混入庙宇，把守护神"借"到比赛场地，希望借助神力在比赛中获胜。不丹女性不但不能参加射箭，在比赛前一天，参赛者甚至不能行房。

不丹的射箭比赛很冗长，有时候持续几天。赛场上会备有食品，甚至歌舞表演等，参赛者都盛装出席，参加射箭活动一律得穿上传统服装，简直就像一场派对。

射中靶心者会奖励一条丝带挂在腰上，挂得越多说明箭术越高超。

Chapter16
箭术，全民疯狂的国术

## 足球新宠

随着不丹的现代化，近年来足球、板球、篮球也越来越受到不丹年轻人的欢迎，对传统的射箭项目造成了极大的冲击。在不丹旅行，你也很快就能感受到当地人对足球的热爱，世界杯期间人人谈球。

《高山上的世界杯》就表达了不丹人对足球的狂热追逐，影片讲述了一个与世隔绝的寺庙中，有个小和尚对四年一度的世界杯心怀向往，十分渴望能观看到。在他四处奔走欠下无数人情之后，终于借来了电视设备，最后全寺僧人一起收看了世界杯足球大赛转播。影片深刻地反映了现代文明对不丹传统文化的冲击。

的确，不少和尚也热爱足球运动，我就经常看见小和尚在寺庙的操场前踢足球，穿着一身葡萄酒红色的僧袍，踢起足球可是十分灵活，背景永远是古老的寺庙和雪山，这画面令人印象深刻。

 我们在卜姆当邂逅一场足球赛，没有标准场地，不丹人也一样能踢出足球的乐趣！

# Chapter17
## 品味不丹，纵情辣椒

辣椒芝士，
一道经典的不丹国菜，
并非人人都能适应得来这"古怪"的组合，
如果你喜欢辣椒、肥肉和腌肉，
或许你会留恋不丹的美食。

## 辣椒、辣椒，还是辣椒

导游问我想不想尝试他们的食物，"但可要有心理准备啊！"我吃了一口Ema Datse，辣得不行，马上灌一口印度奶茶来浇火。不丹的国菜Ema Datse，就是辣椒芝士，将辣椒和芝士一起炖煮，黏糊糊软绵绵的，卖相不佳，吃一口要扒很多口的米饭才能消除那浓郁的奶味和辣味。酒店的厨师甚至突发奇想，采用辣椒来做成雪糕，冰火两重天，味道可想而知，但其创意和努力确实值得嘉奖。

辣椒在水果档当水果卖，在蔬菜档当蔬菜卖，没有人能离得开它。

Bhutan

如果要给一个老饕判死刑，那么就送他到不丹，那是生不如死的"待遇"。不丹地处高原，食材本来就匮乏，加上菜肴往往高热量，懂得计算卡路里的人，就不敢多加尝试。

如果你喜欢吃辣椒、肥肉和腌肉，这些不那么轻易让人产生兴奋感的食物，那么或许你会喜欢不丹美食。

性情温顺的不丹人嗜辣，而且无辣不欢。不丹的国家级食材是辣椒，在菜市场里成山成堆地卖，1公斤才大约1美元。在不丹，辣椒不是调味料，而是当成每日蔬菜来享用，除了新鲜的青辣椒和红辣椒外，还有不少辣椒的制成品，比如辣椒干、辣椒粉等。在不丹农舍的阁楼里，就经常可以看见晒干的辣椒干。不丹一年要生产1.05万吨的辣椒。

看着不丹朋友大口大口地吃着辣椒，而我们则吃由酒店提供的色拉。其中一服务员笑着说，过去真的很难想象吃生的菜，那是牛才吃的，但是后来发现原来外国人都喜欢吃生蔬菜，才习以为常。服务员去过欧洲，最不习惯的就是色拉这道菜。这或许就是所谓的文化差异。

到过不丹的西方旅人，最怕提起这里的食物，辣椒就像定时炸弹一样提醒你它的存在。

Chapter17
品味不丹，纵情辣椒

　　房顶的作用就是晒辣椒！辣椒的做法五花八门，最经典的还数"辣椒芝士"，没吃过的人不算来过不丹！你能想象"辣椒王国"的鸽子也有一个能装得下辣椒的坚强的胃吗？

## 不丹人的各种口味

来到不丹，逛菜市场绝对是高潮之一。廷布每逢周末都有一个菜市场，由山里来的不丹人摆卖着农货，买卖者都穿着最亮丽的传统服装出席，这还是一次上好的社交场所。

不丹菜肴十分单调，食材选择也不多，最常见的不外乎是辣椒、马铃薯和一些野菜等。不丹人的零食也很特别，在市场里经常可以看见硬得像石头一样、由绳子串起来卖的干奶酪，导游说那是不丹人的零食。不丹人也喜欢嚼槟榔，经常可以见到满嘴红汁的老人咧着嘴笑。由于槟榔会引起不少口腔疾病，现在的不丹年轻人也渐渐远离它。

干奶酪是不丹人的零食，小店里把它串好挂起来卖。还有一种不能缺少的零食槟榔：不论男女老少或各阶层僧俗，不丹几乎人人吃槟榔，热衷的程度不亚于中国台湾南部居民。

红米饭是糙米的一种,营养丰富。

要了解一个国家和民族,就要通过他们的肠胃。地处高原的不丹,自然发展出一系列高热量的菜肴。米饭是不丹人的主食,一般的选择为白米和红米。而淡红褐色的米其实是糙米的一种,特别适合在贫瘠的高原土壤上生长,米粒分明,混上咖哩还算十分可口。这种米虽然不比白米香,但是营养成分比较高,这种米特别适合在高原上栽种。在不丹能耕种的土地十分有限,最肥沃的土地往往是山谷,经常可以看见层层绿油油的梯田,一小亩一小亩的,蔓延到天边。

除了自家饮食文化外,不丹也深受邻居中国西藏和尼泊尔的影响,在不丹你也能轻易找到西藏的馍馍、酥油茶、糌粑等。

## 平民家里的菜肴

在地势较高的东部,并不适宜种植水稻,荞麦就成了当地人的主食。在卜姆当旅行,荞麦煎饼及时出现,叫人松一口气,终于可以尝试到不同的食物了。

在卜姆当有幸到不丹人家里作客,主人经常会准备甜得惊人的热奶茶,或是加入盐和牛油的藏族酥油茶,配上简单的小点心,比如捣扁玉米,类似西方人早餐的玉米片,都是属于不算难吃但又不想多吃的那种食物级别。但好客的不丹人会慎重地将之献给客人,这份热情比食物还要美味。不丹也有自家品牌的啤酒,名为红熊猫(Red Panda),也是产自卜姆当。当地也生产洋酒,包括威士忌、朗姆酒等,其中的威士忌还有不同果味的选择。当地人则喜欢饮用自己酿制的米酒阿拉(Arra),度数颇高,好客的主人总是先敬酒,连喝几杯才算是领了对方的心意。

如果老饕是肉食动物者,那么他在不丹会更痛苦。不丹人很喜欢吃肥猪肉,但街上绝对没有胖子,估计每天需要走无数公里的路,想胖也难。

不丹境内万河奔流,河里应该有肥美鱼鲜,但狩猎和钓鱼都违背了佛教不杀生的原则,所以都是非法的。要在不丹获取新鲜肉类十分困难,巧妇自然也束手无策。近年来,随着不丹越来越国际化,很多厨师也开始懂得变通,尝试制作西餐,也改良了不少不丹菜肴的做法,所以到不丹旅行,在酒店餐馆里吃的不丹菜和不丹人吃的还是有一定的差别。

> 从前不丹人把喝酒当作消遣,自从有了电视机以后,不丹人喝酒也有所节制。

Chapter17
品味不丹，纵情辣椒

酒店供应西餐，不习惯传统不丹菜的人还不至于饿肚子。

# Chapter18
## 酒店，去不丹的理由

不知道是因为安缦还是不丹，
我决定再次前往不丹旅游……
而每次与朋友谈论起乌玛，
最容易让人记住的说法是
"梁朝伟和刘嘉玲结婚的那个酒店"……

## 社会名流"后花园"

不丹在华人地区声名鹊起，原因之一是梁朝伟和刘嘉玲选择在不丹共结连理，这个神秘的雷龙之国于是引起了大家的关注。

不丹是旅人口中"最后的香格里拉"，是全球幸福感最高的国家之一，恋爱长跑多年的梁刘自然需要一个完美的舞台来为他们的恋情画上一个漂亮的句点。

据说这对新人入住的套房甚至成了旅游景点，不少住客会央求酒店让他们参观洞房，并拍照留念。人们后来才知道这是社会名流们的后花园，用来躲避狗仔队的长枪短炮。

到不丹旅行是一次烧钱的行为，先不说不丹政府对游客征收每天250美金的最低消费，境内超五星级的国际水准度假村也轻易索价1000美元一晚，林林总总的费用加起来十分可观。然而对一些人来说，钱不是问题，能买到一些独家的体验才至关重要，不是说这是一个体验年代吗？一趟不丹之旅后，绅士名媛们有了餐桌上的谈资，正如名牌包包的waiting list（候补名单）一样，我们等待的只是拥有后的快感。

# Bhutan

　　难怪这几年不丹成了富豪名流时尚人士的流连地。不少国际权威旅人杂志有大篇幅的不丹专题故事；"上海滩"服饰品牌的创办者邓永锵就选择在不丹的顶级酒店庆祝50岁生日，受邀出席的嘉宾包括国际名模Kate Moss、Frankie Ryder及约克公爵夫人等；《纽约时报》还拨出大量版面来报道这个最新鲜的旅游目的地，标题赫然是：《为什么我们要去不丹？》。

　　或许入住这些顶级酒店，就是去不丹的理由吧。

　　安缦（Amankora）的低调含蓄与不丹的自然环境配合默契，"Aman"是梵语里"平和"的意思，而"Kora"是不丹宗喀语"环绕朝佛"的意思。安缦在不丹有五家分馆，往往客人住进其中一家，就会私下许愿要住遍所有的安缦。全球没有任何一家酒店有如此影响力，能吸引如此众多的安缦痴。

## 安缦居,低调简约不丹风

不知道是因为安缦还是不丹,我决定再次前往不丹旅游。这个全球知名的度假村集团,催生了无数的"安缦痴"(Aman junkies),他们选择一个目的地的原因往往就因为那里有安缦,而安缦也是最早进驻不丹的顶级酒店集团。

一向重视选址的安缦,和神秘的不丹可说是一个完美的结合,除了廷布、帕罗和普纳卡这些不丹常规的目的地之外,安缦也在更为偏远的岗提和卜姆当设点,目的就在于让游客对不丹有更深刻的感受。安缦还打算在童飒附近建造另外一个分店呢。据说,王室成员也特别喜欢安缦,经常会带朋友光顾,甚至邀请酒店的管理人员到王宫进行培训。

安缦岗提度假村的窗外是开阔的珀吉哈山谷,农舍随意地散落在山谷坡地,有瑞士田园之美,古老的岗提寺在雨后被抹上了一道彩虹。

目前，安缦（Amankora）在不丹共设有5家分馆，客人就算到了较为偏远的地区，也能享受到安缦经典的服务。度假村的设计都雷同，主楼往往采用了当地建筑中常见的厚实白墙，内部设计采用了不少暖色调的家具、地毯等，自然地营造了乡间小屋的温馨感。

由于5家分馆所处的位置不同，就自然有不少与众不同的精彩细节。

普纳卡的安缦让果园和稻田围绕着。度假村不大，共有3幢夯土墙式的客房楼，内设8间套房，一打开窗，近处是稻田，远望则是宁静而富饶的普纳卡山谷。度假村的中心点是一栋古老典型的不丹农舍，过去是王后母亲的住所，这座精巧的3层建筑经过高明的修复，现已经改造成酒店的餐厅和图书馆，屋内悬挂着保存完好的用植物染料完成的壁画，还保留了佛堂，客人若起得早的话，可以在服务员的指导下进行宗教早课。

安缦卜姆当度假村毗邻不丹的首座王宫——旺迪佐林宫，卜姆当山谷散布着多座香火旺盛的寺庙，僧侣如邻，感受奇特。

Chapter18
酒店，去不丹的理由

　　老房子前是一个露天的庭院，也设有不少舒适的沙发和桌椅，茂盛的树冠刚好能撑起一片绿阴，我们每天在这个位置上吃早餐，面对着苍翠的山谷，时间似乎是静止的。周围都是橘园，自然引来无数的鸟雀，在这一刻，你应该也能感受世界应该就是如此的完好无缺，众生和睦相处。安缦普纳卡位于山谷以北数公里外的幽静地，午饭后，我们去散步，周围有不少的徒步路线，基本都是村民走出来的山间小径。

　　于2008年开业的卜姆当分馆则是最新的一家，位于不丹东部最神圣的区域，由廷布开车前往也需要大约8小时，来到这里更能感受到原汁原味的淳朴。经过了无数的山林和田园，抵达卜姆当分馆时，服务员及时送来迎宾饮料，一路的折腾也抛诸脑后。

　　主建筑设计采用不丹传统的宗（Dzong）结构，厚实的白墙内收藏了格调简约的客房。酒店只有16间套房，提供经典的安缦服务，自然也不提供电视等现代设施。的确，来到这里，谁还会迷恋电视里的花花世界？酒店几乎不设围墙，和几步之遥的寺庙及王宫旺迪佐林宫（Wangdichholing）对望。

# Bhutan

　　寺庙里的小僧侣在踢足球，也经常会跑进度假村玩。度假村和寺庙僧侣的关系很好，在酒店的安排下，我们参加了寺庙里进行的晚祷课。我难以想象自己每天过如此刻苦又周而复始的生活，或许因为有宗教和信仰支撑着，一切也有了继续下去的力量。晚祷结束后，灯灭了，宛若由远古时代流传下来的诵经声也停了。我们在一片漆黑当中步出了寺庙，在绝对的黑暗中，人的五官变得更为敏锐，夜晚的芳草香和露水交织成天然的香氛，星星早已经醒过来了，灿烂满天。

　　安缦的强项在于让客人更深刻地感受到当地的独特文化。度假村的庭院设有让客人栖息的露天位置，每天夜晚7点会升起篝火，度假村也会邀请僧侣为客人表演宗教色彩浓厚的面具舞。我们喝着鸡尾酒，在温暖的火光中，静心地看着小僧侣们表演，忘记了睡觉。

> 入住安缦普纳卡度假村，先要走过母亲河上的一座吊桥。度假村置身于一片橘园之中，梯田围绕，你难以忘记第一眼的普纳卡山谷，绿意如此生动。

Chapter 18
酒店，去不丹的理由

　　绝大部分的不丹之旅均始于安缦帕罗度假村。度假村隐藏在一片蓝松林之中，原始的夯土墙和平缓的斜屋顶看似古朴简单，却不失现代设计美感。

　　价格：安缦在不丹有5家分馆，分别设于帕罗、廷布、普纳卡、岗提和卜姆当。双人入住，7晚至12晚的价格由9800至16800美金起，价格包含全部餐饮、交通和签证费等。机票另计。

地址：Amankora, PO Box 831, Thimphu, Bhutan
电话：（975）2331333
Email: amankora@amanresorts.com
网址：http://www.amanresorts.com/

# Bhutan

## 乌玛，无与伦比的婚礼地

第一次去不丹的时候就入住了梁朝伟和刘嘉玲完婚的Uma Paro（乌玛）。酒店位于帕罗市中心的一座小山丘上，一个刚刚好的距离，山脚下的村庄和山谷清楚可见，容许矜贵的旅人想象着村人们田园牧歌式的生活。酒店巧妙地隐藏于一片松林里，不轻易让人看见却享受着注视别人的优越感，那才是矜贵旅人的权利。园林环境设计师特卫·西拉尔（Trevor Hillier）保留了酒店周围大量的原始松林，并大量培植野花林地，适当地栽种了冷杉木、枫树等，以吸引更多的雀鸟到酒店周围安家。我们在山林里漫步，云淡风轻，鸟雀啁啾，真的觉得这个世界就应该如此完好。

乌玛酒店本身就是一处目的地。大堂设计简约，颇符合COMO集团一贯的作风，正如同集团在曼谷的大都会酒店（The Metropolitan Bangkok），侍应生都穿着川久保玲设计的制服一样，不张扬的喧哗有种低调的华丽。

**乌玛之所以被关注，是因为梁朝伟和刘嘉玲在此举行婚宴。**

Chapter 18
酒店，去不丹的理由

　　酒店共有20个房间和9栋别墅，错落有致地散布在山区间，每个门和窗都能借到山中风景。"Uma"是印尼文，意为"有生命的大屋"，"Paro"则是其所属地名。度假村的建材多为传统不丹民居使用的石头、木材和瓦片等，设计师巧妙地将不丹传统风格时尚化，形成一种旅人可亲的异国情调。房子内用烟熏黑实木制造出一种"人住久了"的时间质感，不丹的艺术家则在白墙上绘上传统的花朵、雀鸟等。顶级印度棉床单绣上不丹传统的间条图案，细密的地毯则来自尼泊尔，它们似乎也只能在这里与你相遇。别墅里都会安置一个Bukhari，这是不丹人家庭中不可或缺的火炉，提供原始的温暖。房间的更衣室空间阔绰，放水洗澡，潜入浴缸，拉开窗帘，天上的云朵比我还要匆忙路过。

　　单体式别墅都配有管家服务，大多是说得一口流利英语的帅气小伙子，待客主动，但不会让游客不自在。在酒店工作的澳洲人Sean说："不丹一直实行世袭君主制，当地人有明显的阶级之分，对待贵族更是侍奉周到，由古至今都有服务贵宾的传统。"

# Bhutan

　　记得一天出去闲逛时，买了一些当地盛产的桃子，一路让管家拿着，回到酒店，竟忘记了桃子一事。晚餐时，总及时出现在面前的管家说："桃子已经放入房间的冰箱里。""宾至如归"已经让酒店记者用滥了，但这是我第一次真心诚意忍不住要用上这个形容词。

　　酒店里附属的COMO Shambhala水疗馆，已经成为国际知名的水疗品牌，为住客提供优质的按摩、水疗等服务。在梵文中，"Shambhala"意为"和平"，整个水疗的概念就是围绕这一主题而开发的。其最大的特色为整个水疗方针是以咨询性为主，治疗师将根据不同客人的需求而打造适合的配套服务，疗程的种类也很"亚洲"，包括日式按摩（Shiastu）以及印度式排毒疗程等。

　　水疗馆也为客人安排每天两次的瑜伽课程，教室是开放式的，对着朝阳。我们每天早上7点开始做瑜伽，一边呼吸着纯净的空气，让初生的阳光洗尽身上囤积已久的乌烟瘴气，以获新生。

去不丹之前，已经有不少人"慎重提醒"千万不要错过当地特色的热石浴，据说过去只有官宦人家才有资格享受。整个准备过程需要一天的时间，不丹人甚至要挑选一个良辰吉日才能泡澡，他们相信一些特殊的日子里会有更好的疗效，然而来到COMO Shambhala，你只要提前几个小时预约，就能享受到这种独特的服务。

水疗师已经准备好烧红了的石头，并在木制的浴缸里放满了山泉水，当热石滚入冷水中，你能听见爆裂声，巴掌大的石头粉身碎骨。水疗师说这样石头内的日月精华就能溶入水中，为泡浴者带来更高的疗效。当地人相信这种古法泡澡能治好大部分的皮肤病。

我慢慢地躺入浴池内，水温刚好，浴池内也加入了有舒缓神经作用的当地草药。泡了1小时后，再进行1小时的按摩，这时候也已经是晚餐时间了。水疗师为我们准备好Spa晚餐，采用当地和进口的有机食品烹调而成，不但容易消化，而且还蕴含了丰富的酵素、维生素和海洋矿物等，让这个疗程更为完整。

价格：乌玛是一家时尚的小型酒店，除了别墅之外，也设有多个价格较为实惠的套房，双人入住4天3晚（包括食宿、导游等），价格由3000美元起。机票另计。度假村也有不同房型、旅游配套服务供游客选择。

地址：Uma Paro, PO Box 222, Paro, Bhutan
电话：（975）8271597
Email：info.paro@uma.como.bz
网址：www.uma.paro.como.bz

## 泰姬扎西，无敌喜马拉雅山景

　　7层楼高的泰姬扎西酒店（Taj Tashi）是不丹顶级酒店中的最新玩家，也是不丹唯一设有电梯的酒店。这个位于廷布市中心的奢华酒店共有66个房间，设计风格体现了不丹的传统，并采用了不少不丹元素作为酒店的设计，比如入口大门的门把是不丹僧侣用来诵经的长喇叭，酒店大厅的白墙则贴满了金刚杵。这些吉祥物不仅表现了浓厚的地域特色，同时也祝福下榻游客有个平安而快乐的假期。

　　和风格简约的安缦及乌玛比较，泰姬扎西的客房更能明显地感受到当地传统特色，外墙的藏红花色调和室内的壁画装饰无不提醒你身处不丹。最精彩的是每个房间都能看见喜马拉雅山脉的景色。

Bhutan

泰姬扎西的窗外是壮观的喜马拉雅山景，东面还可以看得见大片的松树林，推开窗户，清冽新鲜的空气扑面而来。

价格：泰姬扎西设有多种不同房型，每晚价格由300美元起至700美元。
地址：Taj Tashi Post Box No.524, Samten Lam, Chubachu, Thimphu
电话：（975）2336699
网址：http://www.tajhotels.com/

# 不丹的旅行小分享
## Chapter19 怎样去不丹

去不丹没有想象的那么艰难，
但也不是轻易就能到达，
出发前一定要做好充分的准备，
一定要锲而不舍，
才能促成一次难忘的旅行。

# Chapter19
## 怎样去不丹

不丹限制旅游人口，其实是一个以讹传讹的谬误，由于飞往不丹境内的航班十分有限，加上不丹推行"低流量高回报"的旅游政策（设定每日250美元的最低消费），因此无形中提高了不丹的旅行成本。

要去不丹旅行，其实并不困难，但要事先做好不少准备功夫，特别是旅游高峰期间，住宿和机票十分吃紧。若打算在春（3～4月）秋（9～10月）两季或举行重要庆典的日子到不丹旅游就要提早至少3～6个月的时间做好准备。一般来说，当地旅行社也需要至少1个月的时间来安排签证、准证及住宿等事项。

一般人会通过不丹国内指定的旅行社安排行程，这些旅行社也与境外的旅行社合作。预定好行程付清款项后，旅行社就会协助办理签证、机票等事项。每天250美元（其中75美元为政府税收）的最低消费其实已经包括了当地的吃、住、行、导游和司机等服务费用。一两人也能成团，但得付出更为高额的附加费（大概每天多支付40美元）。不少寺庙和地区都需要安排特别准证才能前往，但旅行社都会事先准备。12岁以下的孩童不需要支付政府税收。小于25岁的全职学生，若直接和不丹境内的旅行社预订的话，还可能获得25%的折扣，如果在不丹逗留超过9天以上，政府税金也能获得减免。过去淡季到不丹旅行会有折扣（每天最低消费为165美元），这项政策已经于2011年7月取消。

## 旅行社

受不丹政府承认的大大小小旅行社就有超过两百家,基本上价格都差不多,它们也能根据你的喜好等安排行程。其中几家规模较大、信誉有保证的旅行社如下:

1. Norbu Bhutan Travel (www.visitbhutan.com)
2. Rainbow tours and treks (rainbow@druknet.com)
3. International treks and tours (www.intrekasia.com/bhutan.htm)
4. Etho Metho Tours and Treks (www.bhutanethometho.com)

## 签证

除了持印度护照的旅客之外,其他地区的旅客入境前需向不丹外交部门申请入境签证,签证费用约20美金。签证事宜一般都交由旅行社代办。

Chapter19
怎样去不丹

## 机票

不丹的国航是不丹皇家航空（Druk Air），几乎垄断了飞往不丹的班次。据说该公司只有2架飞机，飞往泰国、印度、尼泊尔、孟加拉等国。班次视月份而定，基本上每天都有一次班机由泰国曼谷途经印度飞往不丹的帕罗。每年4月帕罗节及10月廷布节（具体时间以不丹官网发布为准）期间会加开航班。自2010年8月起，尼泊尔的佛陀航空（Buddha Air）已打破独市局面，获准开办前往不丹的航线，一周有约四班飞机由尼泊尔首都加德满都前往不丹，旅客从此多了一个选择。天气好的日子，由尼泊尔飞往不丹能看见壮观的喜马拉雅山脉。

大多数的旅人选择以飞机入境不丹，亚洲游客一般取道曼谷或加德满都，由曼谷飞往不丹的单程机票为450美元，而由加德满都飞则250美元左右，淡季（6~7月为淡季，也是雨季）一般能有10%的折扣。航空公司一般会于一星期前公布最新消息，由于班机经常受到天气影响而延误或取消，建议你前往不丹旅行时购买旅游保险，另外若因航班缘故而必须滞留不丹，当地政府将不征收额外的游客税。

由此推算，一般由曼谷出发的10天不丹行程，费用约4000美元，这个行程提供的只是一般的酒店和餐饮等（住宿条件类似国内的二星级酒店），若想要入住不丹的顶级酒店则另计（每晚500~1000美元），游客也能通过顶级酒店安排行程、机票及签证等事宜。

## 陆路交通

不丹对外的陆路通关口岸位于不丹南部,游客也可通过特殊安排由陆路进入不丹。通关口岸位于庞措林(Phuentsholing)附近,由此可前往印度的巴格多格拉(Bagdogra)飞往印度的主要城市,或到西里古里(Siliguri)坐火车往印度其他城市如加尔各答、新德里等等。

## 国内交通

目前不丹境内并没有内陆航班或铁路,游客行程已包括交通费用,故一般旅客不需使用公共交通。不丹的首都廷布及庞措林市内均有出租车,但需注意司机很少会打表,乘搭前需与司机议定好价钱。廷布市内一程约需50Nu(努),一日需700Nu。

不丹的公共巴士挤迫嘈杂,在蜿蜒的公路上行驶,加上路面颠簸,乘客容易感到不适,当地人笑称当地公车为"呕吐彗星"。每天有3~4班车由廷布来往帕罗、庞措林、普纳卡等"大城市"。车费十分低廉,廷布至帕罗为40Nu,廷布至庞措林为120Nu。

出租车不打表,但是一定要讨价还价。

不丹只有一条主要公路，沿悬崖峭壁而建，脚下河水滔滔，路况极受天气影响。暴雨后经常发生泥石流及河水泛滥等事故，山泥倾泻和下雪亦会令公路被封，旅客有时会滞留数小时甚至数天。

## 住宿

不丹旅游局规定，入境旅客必须参加政府认可的当地旅行团及入住指定酒店，事前必须缴付团费、房租及税项，每人每天需付250美元，费用已包括住宿及交通，一般为中级酒店，格局舒适优雅。而廷布及帕罗等城市开设了四星级、五星级酒店，若选择入住需额外付费。

## 货币

不丹从前并没有货币，当地人经常通过以物换物的方式进行交易，直至1974年不丹才开始发行努尔特鲁姆币（藏文dngul-kram），简称"Nu"。不丹纸币面额分为1Nu、5Nu、10Nu、20Nu、50Nu、100Nu、500Nu。纸币上印有历代国王们的肖像。Nu和印度卢比等值，1美金大约能兑换44Nu。由于250美元一天的最低消费已经包含了吃、住、行，因此在不丹你极少有机会花大量的钱。建议你携带一些美元，以购买纪念品、零食及付小费等。

由于印度对不丹的经济体系有着主导作用，1印度卢比（Rs）可兑换1个Nu，直至现在两种货币仍可平行使用，故日常找赎时可能会收到卢比。

外币必须得先换成不丹货币才可使用，在当地银行、酒店等都有提供兑换服务。不丹货币在其他国家，包括印度也不通行，故旅客离开前，可要求导游带领往廷布市的兑换机构，把不丹币转为其他外币。一些售卖昂贵手工艺品的商铺和酒店也能使用美金和信用卡。目前不丹境内只有几个ATM，而且只有当地的银行卡才可以取钱。不丹人一般十分老实，因此讲价的现象并不普遍。

## 天气

不丹地势独特，位处海拔200～7000米，不同地区可同时经历亚热带甚至寒带气候，登山者需特别注意。南部为热带气候，全年温度为15℃～30℃；帕罗全年温度为-5℃～30℃，年降雨量800毫米。高山地带则终年积雪，平均温度低至0℃。不丹天气多变，无论什么季节都不要忘记带上御寒衣物和雨具。

## 旅游季节

3~5月为春天，是旅游和远足次选良机。虽然春天较多云雨，但杜鹃、兰花等野花漫山开遍，雀鸟活动频繁，亦是观赏野生动植物的好时机。此时天色不及秋天清朗，但山峰之间偶尔也清晰可见。

6~9月为雨季，受东南季候风影响，雨季时每晚下大雨，日间则可能长时间无雨。云层低的日子会降低能见度，甚至影响飞机升降。此时山谷会被密云笼罩，路面常被倾盆大雨和水灾浸没，这时候也是不丹旅行的淡季。这时候到不丹旅行，大部分的游客都走帕罗、廷布和普纳卡的主流线路。

旅游最佳季节为9月底至11月底，时值秋季，日间气温20℃~28℃，天清气朗，可以远眺到雪峰和湛蓝天空，景色非常壮丽。此段时间是不丹举行节日庆典的旺季，亦是徒步的最佳季节，故游人最多，需提早计划行程。

若想游览不丹西部、到南边的热带雨林观鸟，或者玩漂流，冬天就是好时机。日间多为天晴凉快，天气宜人，入黑后会颇为寒冷。12月至次年2月，高地出现积雪，廷布间中有雪，廷布至卜姆当及北部路段可能因积雪封路数天，故该段时期不宜到严寒区域游览。

## 语言

不丹官方语言为宗喀语，不丹人从小学习英文，因此英语也十分普及。

## 摄影

不丹是一个十分上镜的国家，当地人十分友善，并不排斥被拍，但礼貌上，拍照前最好是询问他人意见。宗教建筑一般都能摄影，除了主殿之外，导游会提醒游客哪里不能拍照。

## 旅行安全

基本上，不丹的治安十分好，当地人对游客也十分友善。主要的景点和城镇海拔都在3000米以下，一些徒步路线则超过4000米，游客才会感受到高原反应所带来的不适。另外不丹的野狗特别多，怕狗的人可要特别注意，但是大多数狗都十分温顺。不丹的道路情况不算特别好，特别多的拐弯，所以晕车的人要准备一些防晕车药物。

## 活动

### 徒步

除了一般的观光之外，其实不丹也是一个户外爱好者的天堂，特别是徒步。不丹境内有不少旅行社专门为客人设计徒步路线并安排向导和挑夫等，徒步路线由几小时甚至到4星期不等，其中最受欢迎的徒步路线为6天的Druk Path Trek（"雷龙的跋涉"），沿途有雪山风景，也会途经不少寺庙等。

### 观鸟

不丹记录了超过600种的鸟类，其中不少是南下过冬的季候鸟，包括珍贵的黑颈鹤等。

### 钓鱼

不丹境内有不少的河流，也吸引了不少钓鱼爱好者前来一试身手。由于不丹人不杀生，因此钓鱼活动安排还是颇受限制，游客需要通过旅行社安排钓鱼准证（一天500Nu）。另外在寺庙1公里内也禁止钓鱼，每年10~12月是休渔期。

### 骑行

越来越多的骑行者选择到不丹来锻炼脚力，其中不少旅行社也组织骑行游，通过"铁马"来游览不丹不仅环保，而且更能深刻地感受到不丹的独特的地貌和地理构造。

## 经济

农村的不丹人大多过着自给自足的生活，连衣服的布料都是自己编织的。不丹政府的主要收入来源（占49%）是水电，贩卖给印度、孟加拉等邻国。旅游业也是近年来颇为重视的支柱产业之一。

## 媒体

*Kuensel*（www.kuenselonline.com）是一份全国性的双周刊，在酒店经常能看见。*Bhutan today*（www.bhutantoday.com）是不丹唯一的日报，*Bhutan Observer*是每周五和周日出版的综合报章，通过当地报章经常能了解到不丹实况。

不丹只有几本杂志，其中月刊*Drukpa*能读到不少有趣的不丹文化、旅游方面的专题，在不丹国航的班机上都能读到。根据无国界记者组织的调查，不丹媒体的开放度全球排名第70。

## 工作时间

政府部门一般朝九晚五，也设有午休时间。

## 海关

游客能带入2升的免税酒，200根香烟，但是香烟必须支付200%的税。

## 旅游保险

由于不丹的旅行极受天气等因素影响，因此建议你出发前购买旅游保险。

## 网络

不丹迟至1999年（吉格梅·辛格·旺楚克国王登基25周年庆典）才和互联网的世界接轨，各大城市都有网络，酒店也设有wifi或宽带等上网服务。

## 购物

不丹的纺织品十分受游客欢迎，由于全手工打造，所以价格不算便宜，一块上好的围巾价格大约100美元。在不丹，你也能买到一些优质的唐卡画等。在周末市场也能找到较为廉价并富有藏族色彩的面具、乐器等，其实不少是进口自尼泊尔。

## 节庆

不丹几乎一年到头都有节庆,在这些特殊季节到不丹旅行更能感受到不丹独特的宗教文化。各大宗和寺庙都有属于自己的藏舞节(Tsechu),节庆以僧人表演的藏舞和藏戏为主,更是吸引了当地人和世界各地的游客前来观赏。如果你也打算在此时前往不丹,得尽早安排行程和机票等。特别受欢迎的节庆包括帕罗宗的Tsechu,一般在4月份举行,一连四天的宗教仪式,场面十分热闹。届时,一般收藏起来的莲花生大师的巨型唐卡也会向观众展示。每年10月份卜姆当也会举行著名的裸舞节(naked dance festival),当地人(包括一些爱玩的游客)都会戴着面具在篝火边上裸舞,以庆祝简培寺(Jampey Lhakhang)的落成。

对不丹游牧民族文化感兴趣的游客也不要错过12月份的游牧民族节,到时生活于拉雅(Laya)地区的游牧民族就会带着他们的手工艺品到卜姆当。Laya女性服饰十分独特,头上则戴着草编的锥形帽子。

由于不丹采用类似中国藏历的日历,因此节日举行的日期也不固定,不丹旅游局的网站(www.tourism.gov.bt)上都有公布这些日子。

## 参考书籍

*Bhutan*(Lonely Planet 旅游指南)

全球最权威的旅游指南,2011年出版的最新版本提供了关于到不丹旅行的最新信息。这本指南资料详尽,文字客观而生动,经常被誉为"旅行者的圣经"。除了旅行信息外,指南内也有历史、文化及当代发展等章节,让旅人更深刻地了解不丹。

*Treasures of the Thunder Dragon*(《雷龙之国的宝藏》)

由不丹第四任王后阿熙多杰・旺姆・旺楚克(Ashi Dorji Wangmo Wangchuk)写的《雷龙之国的宝藏》,文字简洁,十分好读。这本类似自传的游记,也记录了王后上山下乡寻访老百姓的所见所闻,让你通过当地人的视角来理解不丹。

《超越天与地》

作者洁米・惹巴是到不丹支教的加拿大人,对不丹的教育情况有不少的个人体验。作者行文风趣轻松,由一开始的不习惯到最后深深爱上不丹,最后甚至嫁给了不丹人,成了佛教信徒。

Chapter19
怎样去不丹

So close to Heaven （《如此接近天堂》）

作者Barbara Crossette曾是《纽约时报》的亚洲特派员，这本结合游记时政的文集，记录了几个喜马拉雅藏传佛教王国的故事。由于作者是记者出身，文中有大量的采访内容，其中不丹章节占据了书的主要部分。作者也善于从细节中来挖掘出深意。

《人间是剧场》

作者宗萨蒋扬钦哲仁波切（也称为钦哲诺布）是著名的不丹导演，也是不丹最著名的宗教领袖，除了拍电影外，他也经常到世界各地进行演讲弘扬佛法。这本书就收集了他在各地演讲的内容，通过生动通俗的幽默语言，深入浅出地阐述了佛法的重要理念。

## 网址

www.tourism.gov.bt 不丹旅游局的网址有不少到不丹旅游的实用信息、景点介绍和认可的旅游社。

http://bhutan-360.com/ 有不少不丹旅游的信息。

www.bhutantravelportal.com 关于不丹旅游的最新信息。

www.drukair.com.bt 不丹国航的网址，公布最新航班和票价等。

www.Bhutan.gov.bt 不丹政府的网站。

http://www.grossnationalhappiness.com/ 关于幸福指数的官方网站。

http://www.bhutantour.cn 关于大量的不丹旅游信息，这个网站也提供中国游客到不丹的旅游服务。

## 不要忘记

雨伞、雨衣

帽子、防晒霜、护唇膏、太阳眼镜

泳装（用来泡温泉）

手电筒

晕车药

## 注意事项

●若你有机会受邀到不丹人家里，最好能带上一点小礼物，一瓶酒或甜点即可。

进入寺庙的主殿时，请记得脱下鞋和帽子，另外请勿喧哗，千万不要用手指着神像或任何神圣的物件，而是用手掌向上类似请的手势。另外你也可以像不丹人一样向神坛捐献一点香油钱。在寺庙的主殿内不能摄影。

●不要用手触摸当地人的头，包括小孩。

●不要在夜晚喊不丹人的名字，据说这样会招来恶灵。

# 编后记
## Afterword

# 另一个幸福

　　决定策划一本不丹的书，是在2009年底，梁朝伟和刘嘉玲已在不丹完婚1年多。彼时，媒体吊足大家的胃口，轻描淡写这个喜马拉雅山下幸福指数很高的"雷龙之国"。对于这个童话般的王国，中国读者只有想象，鲜有期待。彼岸之花不丹，时光在那儿静静流淌，江湖上也不过流转着一个朴素的幸福传说。千百年来，佛光温暖着此方秘境，幸福循环于这片净土。

　　我们之所以向往不丹，不是因它遗世独行，毕竟孤芳自赏目下无尘的冷美人架不住时间的研磨，容易让人流失好感。时常听闻国人哀叹生活之艰辛、人生之不易，正是因着邻国不丹纯净、透彻、简单、温暖，才格外使人动容，谁也不否认"幸福"是不丹最常用的修饰语。我们的想法不谋而合，都想要一段静好岁月，无车马之乱耳；都想要一种小清新，无人心之险恶；都想要一道慢风景，无熬夜之伤神……

　　我们不约而同想到了不丹。

　　不丹早已向世界许下一个承诺，怀着对大自然的一份敬畏之情、一颗虔诚之心，你说它墨守成规也罢，保守主义也好，它对境外旅人设置的高门槛，不过是唯恐异域文化的大规模吞噬。你若想去，一定能达，佛说有缘自会相见。

　　叶孝忠与不丹有缘，他应本社写作之邀再次前往不丹，付诸心血成书，缘分不浅。对叶孝忠而言，旅行是生活，生活也是旅行。策划之初，直觉便让我坚定不移地选择了叶孝忠——曾在新加坡《联合早报》任记者的经历，行走70多个国家的丰富旅行经验，且行且思的负责任的作文态度……我坚信他的文字能够为中国读者开启一道通往不丹的心门。

　　编辑叶孝忠的稿件是一种全新的享受。最佳方式是通过微博知道这个"环球行者"身处地球的哪一端，幸好，每次答疑他都及时，甚至在台北旅行期间也愉快地接受了广东电台关于此书的访问。起初我还担心工作上的事会扰乱了他旅行的心情，后来才了解到他最喜爱提问题的编辑。他的文字如他本人一样有质感，还带有台湾旅游书的细腻感思的格调。有那么一天，你会厌倦狂轰滥炸的旅游资讯千篇一律的腔调，但你永远不会拒绝令你"身未行，心已远"的文字。风景在路上，感动在文字，从叶孝忠的笔端中，我们读懂了不丹人为什么幸福，也不禁思考：欲望少一点，幸福是不是就会多一点点？

　　或许，幸福的答案，你能在本书中寻到。于我而言，此书付梓，和读者见面，是另一个幸福——收获的喜悦。

本书策划：蔡子凤
Email：48962491@qq.com